国際交流基金 日本語教授法シリーズ 2

音声・動画・
資料　web
付属データ

音声を教える

国際交流基金　著

JAPANFOUNDATION　国際交流基金

国際交流基金 日本語教授法シリーズ
【全14巻】

- 第 1 巻「日本語教師の役割／コースデザイン」
- 第 2 巻「音声を教える」[音声・動画・資料　web付属データ]
- 第 3 巻「文字・語彙を教える」
- 第 4 巻「文法を教える」
- 第 5 巻「聞くことを教える」[音声ダウンロード]
- 第 6 巻「話すことを教える」
- 第 7 巻「読むことを教える」
- 第 8 巻「書くことを教える」
- 第 9 巻「初級を教える」
- 第10巻「中・上級を教える」
- 第11巻「日本事情・日本文化を教える」
- 第12巻「学習を評価する」
- 第13巻「教え方を改善する」
- 第14巻「教材開発」

■はじめに

　国際交流基金日本語国際センター(以下「センター」)では1989年の開設以来、海外の日本語教師のためにさまざまな研修を行ってきました。1992年には、その研修用教材として『外国人教師のための日本語教授法』を作成し、主に「海外日本語教師長期研修」の教授法の授業で使用してきました。しかし、時代の流れとともに、各国の日本語教育の状況が変化し、一方、日本語教授法に関する研究も発展したため、センターの研修の形や内容もさまざまに変化してきました。

　そこで、現在センターの研修で行われている教授法授業の内容を新たにまとめ直し、今後の研修に役立て、また広く国内外の日本語教育関係のみなさまにも利用していただけるように、この教授法シリーズを出版することにしました。この教材の主な対象は、海外で日本語教育を行っている日本語を母語としない日本語教師ですが、広くそのほかの日本語教育関係者や、改めて日本語教授法を独りで学習する方々にも役立てていただけるものと考えます。また、現在教師をしている方々を対象としていますが、日本語教育経験の浅い先生からベテランの先生まで、できるだけ多くのみなさまに利用していただけるよう工夫しました。

■この教授法シリーズの目的

　このシリーズでは、日本語を教えるための必要な基礎的知識を紹介するだけでなく、実際の教室で、その知識がどう生かせるのかを考えてもらうことを目的としています。

　国際交流基金日本語国際センターでは、教師の基本的な姿勢として、特に次の能力を育てることを目的として研修を行ってきました。その方針はこのシリーズの中でも基本的な考え方となっています。

1）自分で考える力を養う

　理論や知識を受身的に身につけるのではなく、自分で考え、理解して吸収する力を身につけることを目的とします。

2）客観性、柔軟性を養う

　自分のこれまでの方法、考え方にとらわれず、ほかの教師の意見や方法を知り、客観的に理解し、時には柔軟に受け入れることのできる教師を育てることをめざします。

3）現実を見つめる視点を養う

つねに現状や与えられた環境、自分の特性や能力を客観的に正確に把握し、自分の現場に合った適切な方法を見つける姿勢を育てることをめざします。

4）将来的にも自ら成長できる姿勢を養う

研修終了後もつねに自分自身で課題を見つけ、成長しつづける自己研修型の教師を育てることをめざします。

■この教授法シリーズの構成

このシリーズは、テーマごとに独立した巻になっています。どの巻からでも学習を始めることができます。各巻のテーマと概要は以下の通りです。

巻	テーマ	概要
第1巻	日本語教師の役割／コースデザイン	日本語を教えるうえでの全体的な問題をとりあげます。
第2巻	音声を教える	各項目に関する基礎的な知識の整理をし、具体的な教え方について考えます。
第3巻	文字・語彙を教える	
第4巻	文法を教える	
第5巻	聞くことを教える	
第6巻	話すことを教える	
第7巻	読むことを教える	
第8巻	書くことを教える	
第9巻	初級を教える	各レベルの教え方について、総合的に考えます。
第10巻	中・上級を教える	
第11巻	日本事情・日本文化を教える	
第12巻	学習を評価する	
第13巻	教え方を改善する	
第14巻	教材開発	

■この巻の目的

「学習者の発音を直したいけれど、どう教えたらいいかわからない」という人は多いと思います。この巻では、日本語の音声についての知識を整理したうえで、これを教えるためのさまざまな練習方法を、具体的に紹介しています。

この巻の学習目標は、次の3点です。

①音声を教えるためには、どんなことに注意しなければならないか、教師はどんなことをすればよいかなど、音声の教え方について考えます。
②日本語の音声について、知識を整理します。日本語の音声について、自分で客観的に理解し、そのうえで学習者に説明できるようにします。
③音声の具体的な練習方法を体験し、これを身につけることによって、日本語の音声を学習者に教えられるようにします。本書では、日本人教師だけでなく、非母語話者教師でも日本語の音声が教えられるように、できるだけ客観的でわかりやすい練習方法を紹介しています。非母語話者教師は、これらの練習を通じて、自分自身の発音能力の向上も目指します。

■この巻の構成

1．全体の構成

本書の構成は、以下のようになっています。

1. 音声を教える前に	なぜ音声を教える必要があるのかについて考えながら、音声を教える前の教師の役割について見ていきます。
2. 母音と子音 3. 拍とリズム 4. アクセント 5. イントネーション	日本語の音声に関するそれぞれの項目について、まず知識を整理します。その後で、いろいろな練習方法を実際に体験します。これによって、それぞれの項目で学習者にとって何が問題になり、それをどう教えればいいかという実践を学びます。
6. 音声を教えるときに	これまで身につけたことを使って学習者に音声を教えるときに、どんなことに気をつけなければならないかを考えます。

2．各章の構成

それぞれの章には、次のような部分があります。

ふり返りましょう

音声について、自分自身の経験や教え方をふり返ったり、自分自身の音声について内省したりするための【質問】があります。

考えましょう

実際にいろいろな例を見ながら、それが音声を教えるうえでどのような意味を持っているのかを、【質問】にそって考えます。

整理しましょう

日本語の音声に関する知識をまとめます。

やってみましょう

発音のための具体的な《練習》を、いろいろ実践してみます。《練習》は、以下のようなものがあります。

知識を整理する練習
　日本語の音声に関する知識が身についているかを確認するための練習です。頭で考えながら、知識を整理します。

聞く練習
　まちがえやすい音などを実際に耳で聞いて、音を聞き分けたり、聞いて理解したりするための練習をします。

発音練習
　自分で声に出したり、学習者に声を出させたりしながら、日本語の音声を実際に発音するための練習をします。

【質問】と《練習》のうち、「→〈解答・解説編へ〉」の印があるものについては、巻末の解答・解説編に、さらにくわしい説明があります。

web付属データについて

本書には以前 CD-ROM が付属していましたが、ウェブページにアクセスする方法に変更しました。

以下の文章を参照して、web 付属データにアクセスしてください。

web 付属データへのアクセス方法

① PC、スマートフォン、タブレットなどで、ひつじ書房のウェブページ内の本書のページにアクセスします。URL は以下の通りです。

> https://www.hituzi.co.jp/books/302.html
>
> QR コードを読み取れる場合は、以下の QR コードを読み取ってください。

② ページの案内に従い、ユーザー名、パスワードを入力してください。

③ パスワード末尾の数字は、「**25**」です。

web 付属データの使い方については、本書 167 ページの「web 付属データの使い方」をご覧ください。

目　　次
もく　　　じ

1 音声を教える前に ……………………………………………………… 2
　1-1. コミュニケーションができれば発音は直さなくてもいい？ ……… 2
　1-2. 発音に問題があると ………………………………………………… 4
　1-3. 音声を教える前の教師の役割 ……………………………………… 6

2 母音と子音 ……………………………………………………………… 8
　2-1. 日本語の音は簡単？ ………………………………………………… 8
　2-2. 日本語の母音 ………………………………………………………… 9
　2-3. 日本語の子音 ………………………………………………………… 13
　2-4. 音素と異音 …………………………………………………………… 44
　2-5. 有声音と無声音 ……………………………………………………… 46
　2-6. 母音の無声化 ………………………………………………………… 52
　2-7. 長音「ー」、促音「ッ」、撥音「ン」の発音 ……………………… 57
　2-8. ふたつの言語を比べる ……………………………………………… 66

3 拍とリズム ……………………………………………………………… 68
　3-1. 長い？　短い？ ……………………………………………………… 68
　3-2.「拍」って何？ ………………………………………………………… 71
　3-3. 日本語のリズムと2拍フット ……………………………………… 75

4 アクセント ……………………………………………………………… 84
　4-1. 世界の言語のアクセントから見た日本語のアクセント ………… 84
　4-2. 日本語のアクセントの特徴 ………………………………………… 88
　4-3.「高い」—「低い」の練習 …………………………………………… 91
　4-4. 文の中でのアクセント ……………………………………………… 93
　4-5. いろいろな品詞のアクセント ……………………………………… 95
　4-6. アクセントを教える？　教えない？ ……………………………… 103

5 イントネーション ·········· 106
- 5-1. アクセントとイントネーション ·········· 106
- 5-2. 文のイントネーションの「ヤマ」 ·········· 108
- 5-3. 文のフォーカスと、複数の「ヤマ」 ·········· 112
- 5-4. 意味のまとまりと「ヤマ」 ·········· 119
- 5-5. 文末のイントネーション ·········· 121
- 5-6. 文節末のイントネーション ·········· 126
- 5-7. イントネーションの視覚化 ·········· 132

6 音声を教えるときに ·········· 138
- 6-1. なかなか発音が上手にならない？ ·········· 138
- 6-2. 音声の練習がきらいな学習者 ·········· 142
- 6-3. 音声を教えるときの教師の役割 ·········· 144

解答・解説編 ·········· 147

【参考文献】 ·········· 165

web付属データの使い方 ·········· 167

索引 ·········· 171

1 音声を教える前に

1-1. コミュニケーションができれば発音は直さなくてもいい？

考えましょう

【質問1】
「コミュニケーションができれば、発音は直さなくてもいい」という考え方があります。このような意見について、あなたは賛成ですか？ 反対ですか？ またそれはなぜですか？

　この本を手に取ったみなさんは、学生や生徒の発音をできるだけ上手にしてあげたい、そのために音声を教える方法が知りたい、と思っている人が多いと思いますが、発音をどこまで直したらいいかについては、いろいろな意見があります。

　学習者の発音をどこまで直すかについて、現在のコミュニケーション中心の日本語教育の中では、1つの代表的な考え方として、「コミュニケーションができればよい」「意味が通じればよい」という立場があります。つまり、言っていることの意味が伝わらない場合や、コミュニケーションに問題が出る場合は、発音の練習が必要であるけれど、コミュニケーションができれば、それ以上発音を直したり練習させたりする必要はない、とするものです。

　まず、このような考え、つまりコミュニケーションができれば発音は直さなくてもいいかどうかについて、考えましょう。最初に、上の意見の中の、「コミュニケーションができれば」という部分について考えます。

【質問2】
まず、発音から少し離れて、文法や文字の誤りについて考えましょう。次の文を見てください。言いたいことはわかるでしょうか？

> A.「きのうは暑いでしたが、今日は寒いになりました。」
> B.「今日、朝、起きます、時計、9時、えー！、急ぎます、服着ます、ご飯食べません、家から出ます、走ります、走ります、走ります、学校着きます、大変。」
> C.「このビデオを無断で復製すろことは薯作権法で禁上されています。」

上の文を見たみなさんは、たぶんどれもだいたい意味がわかったのではないかと思います。すなわち、上のA〜Cのどれも、意味は伝えられている、つまり、コミュニケーションはできていると言えるでしょう。では、この文章について考えましょう。

1. 上のA〜Cの文を、直したほうがいいと思いますか？　直さなくてもいいと思いますか？
2. もし1の答えとして、「直したほうがいい」または、「直したほうがいいときもある」と考える場合、言いたいことがわかる、つまりコミュニケーションができているにもかかわらず、直したほうがいいのはなぜでしょうか？

　おそらく、多くの人は「直したほうがいい」と考えたと思います。上の文はどれも意味を伝えることができていますから、コミュニケーションができればいいと考えるなら、直さなくてもいいはずです。
　では、意味が伝わっても、直したほうがいいのは、なぜなのでしょうか？　その答えとしては、たとえば次のようなことが考えられるでしょう。

・正しい文法や文字を使うほうが、意味が確実に伝わりやすい。
・意味はわかるかもしれないが、聞き手／読み手は疲れる。
・正確な文法や文字を使ったほうが、信用が高くなる。
・まちがった日本語を身につけてしまうと、後から直すのが難しい。
・正確な日本語を身につけなければ、もっと上のレベルに進めない。

　上の例は、文法と文字の例でした。しかし、おそらく上のほとんどの理由が、発音についても言うことができるでしょう。
　発音も、文法や文字と同じように、言語の「正確さ」の要素であると考えられます。上に見たように、ことばを使うときに、この「正確さ」が必要か必要でないかは、意味が通じるかどうかだけで決めることはできないということがわかると思います。「コミュニケーションができれば、発音は直さなくてもいい」という考え方は、日本語を学ぶ目的によってはたしかにそういう場合もあるかもしれませんが、その考えは、日本語を学ぶすべての学習者に同じように言えるわけではないのです。

【質問3】　　　　　　　　　　　　　　　　　→〈解答・解説編へ〉

次に、いろいろなコミュニケーション場面について考えましょう。次のような場面では、必要とされる「発音の正確さ」に、どのような違いがあるでしょうか？

・買い物をする　　　　　　　　　　　　・国際交流パーティーで雑談をする
・レストランで注文する　　　　　　　　・サークルで自己紹介のスピーチをする
・指導教官と研究内容について相談する　・留守番電話にメッセージを残す
・仕事で取引先の人と打ち合わせをする　・学会や研究会で研究発表をする

上のいろいろな例を考えてみると、それぞれの場面で発音の正確さがどのぐらい必要になるかは、コミュニケーションのいろいろな要素によって違うということがわかると思います。同じ発音でも、意味が伝わりやすい場面と伝わりにくい場面があるし、また意味が伝わったとしても、発音が上手でなくてもいい場面と上手なほうがいい場面の違いがあることがわかったと思います。

1-2. 発音に問題があると

こんどは、もう少し広く考えてみましょう。一般的に、発音に問題があると、どのような点で困るのでしょうか。

考えましょう

【質問4】　　　　　　　　　　　　　　　　　→〈解答・解説編へ〉

次のエピソードは、実際に日本語を外国語として勉強した人たちや、そのような人たちと話したことがある日本人から聞いた実話がもとになっています。これを読んで、発音に問題があると困ることは何か、考えてください。

（1：オーストラリア人日本語教師）
昔、ある日本企業の奨学金を受けて日本に留学するプログラムがあって、私と、私の同級生のAさんが最後の面接まで残りました。私は自信がありました。なぜなら、Aさんよりも私のほうが日本語が上手で、テストの成績もいつも私のほうが上だったからです。でも、私ではなくAさんが選ばれました。後から聞いた話では、面接をしたその企業の日本人は「Aさんは発音がとてもきれいだし、日本語が本当に上

手なんですね」と言っていたそうです。

(2：エジプト人通訳ガイド)
私は、日本人観光客を相手に通訳ガイドをしています。1週間ぐらいのツアーのとき、はじめは日本人はみな、「日本語が上手ですね」と言ってほめてくれます。でも何日かすると、あまり聞いてくれなくなります。あるとき、「もうガイドはしなくていいから、必要なときだけ通訳して、後は静かにしていてくれ」と言われました。理由を聞くと、「あなたの発音は聞いていて疲れる」と言われてしまいました。

(3：日本人大学教師)
最近、留学生がよく学会とか研究会で日本語で研究発表しますよね。そこで彼らの発表を聞いていると、本当に発音は大切なんだなって思いますよ。発音がわかりにくいと、発表の内容がよくわからないだけでなく、よっぽど内容に興味がないと集中して聞いていられません。また何となくですが、発音がひどいと、発表の内容まであやしいんじゃないかという気になってしまいますね。

(4：日本人会社員)
中国の女性と見合い結婚しました。でも正直言って、はじめのうちはストレスがたまりましたね。彼女は日本語がけっこうできるんですが、とにかく言い方がきついんです。たとえば「ちょっと来て」ということばでも、何か強く命令されてる感じがして、なんでこんな乱暴な言い方しかできないんだろうと、腹を立てていました。でも後から、それは中国語の発音の影響か何かでそう聞こえるだけで、別に乱暴に言ってるわけじゃないんだということがわかりました。今では仲良くやっています。

　上の例では、どの場合も、話の内容を伝えることはできています。しかし、発音のせいで、聞いている日本人にとってマイナスの評価を受けてしまっています。
　日本語が国際化する中で、国内でも、海外でも、日本語を母語としない人が日本語を使う機会が増えてきています。そのような社会では、ある人の日本語の発音が母語話者と違うからといって、その人を低く見たり、その人とのコミュニケーションを避けたりすることは、よくないことです。
　しかし一方で、現在の社会では現実として、発音に問題があると、マイナスの評価を受けるなど、損をする可能性があるということも、認めなければならない事実だと言えます。

1-3. 音声を教える前の教師の役割

考えましょう

【質問5】
音声教育ではよく、「発音はどこまで教えたらいいのか」「どこまで直したらいいのか」という質問が出ます。あなたならどう答えますか？

　これまで見てきたことを考えると、「発音はどこまで教えたらいいのか」「どこまで直したらいいのか」という質問に対しては、だれに対しても当てはまるような、「ここまで教えればいい」という1つの正解があるわけではない、ということがわかると思います。コミュニケーションの形、場面、目的などによって、「必要とされる発音の正確さ」は違いますので、学習者がどんな場面や目的で日本語を使うかによって、その答えも当然違ってくるのです。
　たとえばとても細かい音の違いの練習を「重箱の隅をつつくような練習」と言って批判する人もいるかもしれません。しかし、もしそれによって、発音がさらに上手になり、それがその人の自信につながったり、その人の仕事のうえでさらにプラスの評価が得られたりするなら、それは必ずしも細かすぎる練習とは言えないでしょう。
　教師によっては、どの学習者に対しても同じように自分の考えを当てはめて、たとえば発音を直しすぎて、発音を勉強する学習者のモチベーションを下げてしまったりする場合がありますし、逆に、「この発音の違いは気にしなくてもいい」というように、せっかく発音に意識が向いている学習者のモチベーションを否定してしまったりする場合があります。しかし、自分の考えを固定化してしまうのではなく、学習者に合わせて、柔軟に対応することが求められると言えます。日本語教育ではよく「学習者の数だけ教え方がある」と言われますが、音声教育においても、このことが当てはまるということを、教師は意識しておく必要があるでしょう。

【質問6】　　　　　　　　　　　　　　　　→〈解答・解説編へ〉
実際に学習者に音声を教える前に、教師ができること、しなければならないことがあるとしたら、どんなことでしょうか？　この章でこれまで見てきたことを参考に、考えてみてください。

発音を教える前に教師がしなければならないこととしては、まず音声に対する学習者のモチベーションを高めることが考えられます。いくら音声を教える方法を知っても、学習者にやる気がなければ効果は期待できません。学習者自身が「発音はどうでもいい」「意味がわかればいい」のように考えていても、教師から見ればそれでは不十分だと思う場合には、発音の練習が大切だと学習者に思わせることが必要です。学習者に「発音が上手になりたい」と思わせることは、音声を教えるうえで、まず何よりも大切なことと言えるかもしれません。

2 母音と子音

2-1. 日本語の音は簡単？

ふり返りましょう

【質問7】
日本語の音は、発音するのが難しいですか？　簡単ですか？　日本語の音で、自分が教えている学習者にとって、苦手な発音はありますか？　または自分が発音するのに難しい音がありますか？

　この質問については、自分が教えている学習者の母語、または自分の母語によって、答えが違うと思います。しかし全体的に見れば、日本語の音は「簡単」だと思う人のほうが多いのではないでしょうか。日本語は、世界の言語の中で見ると、母音の種類も、子音の種類も、少ないほうです。また日本語の音のまとまり（音節）は、ほとんどが「子音1つ＋母音1つ」からできているので、とても単純です。

　ただし、数が少なくても、たとえば日本語の「ツ」の発音が難しい、ラ行の子音が難しいなど、人によっては「難しい」と思っている音があるかもしれません。日本語のどの音が難しいかは、その人の母語によって違います。また「全部簡単だ」と思っている人でも、実は日本人とは違う発音をしていることに気がついていないことがあるかもしれません。

　この章では、日本語の母音と子音について、1つずつ見ていきましょう。**母音**というのは、のど（**声帯**）で作られた声が、口の中で「じゃま」をされないで外に出た音のことで、**子音**というのは、口の中に「じゃま」を作って出す音のことです。母音や子音のような1つ1つの音のことを**単音**または**分節音**と言います。この章では日本語のそれぞれの単音がどのように作られるのか、ほかの言語の音とはどう違うのかを考えながら読んで、練習し、教え方を考えていきましょう。

　ただし、上にも書いたように、母音と子音は、学習者の母語によって簡単な音と難しい音が違いますから、この章にある練習は、必要なものと必要でないものがあると思います。この章は、はじめから順番に全部を読んでいくのではなく、自分に必要なところだけを読むという使い方でもよいでしょう。

なお、この質問に、「長い母音と短い母音が難しい」"いた"と"いった"の区別が難しい」"雨"と"飴"の区別が難しい」と答えた人もいるかもしれません。これらは母音・子音ではなく「拍」や「アクセント」の問題です。音のまとまり全体にかかる高さや長さなどの特徴を**韻律**、または**プロソディー**（prosody）と言います。「拍」「リズム」「アクセント」「イントネーション」のような日本語の韻律については、この本では第3〜5章で勉強します。

2-2. 日本語の母音

考えましょう

【質問8】 →〈解答・解説編へ〉
自分の教えている学習者の母語、または自分の母語には、母音がいくつありますか？ それぞれの母音を発音するとき、舌や唇の形はどう違いますか？

　母音は、口の中でじゃまを作らない音ですが、唇や舌の形を変えて、ひびきをいろいろ変えることで、いろいろな種類の母音を作ります。そのため、母音を説明するときは、主に唇の形と、舌の形で分類します。
　唇の形は、唇をまるめて作る母音か、まるめないで作る母音かによって、**円唇**母音と**非円唇**母音に分けられます。舌の形は、舌のどのあたりがいちばん盛り上がるかという、舌の前後の位置によって、「前舌」〜「中舌」〜「後舌」母音に分けられます。またそのときの口の開き、つまり舌がどのぐらいまで盛り上がるか、口の中がどのぐらい狭くなるかによって、「狭」〜「半狭」〜「半広」〜「広」または「高」〜「中」〜「低」母音に分けられます。

　　　母音の分類基準：　　唇のまるめ　－　舌の前後位置　－　口の開き

【質問9】
日本語の母音は、上の基準からはどのように説明できるでしょうか。

母音

　日本語の母音は、「ア、イ、ウ、エ、オ」の5つです。舌の位置と唇のまるめを考えると、日本語の母音はだいたい次のように表せます。

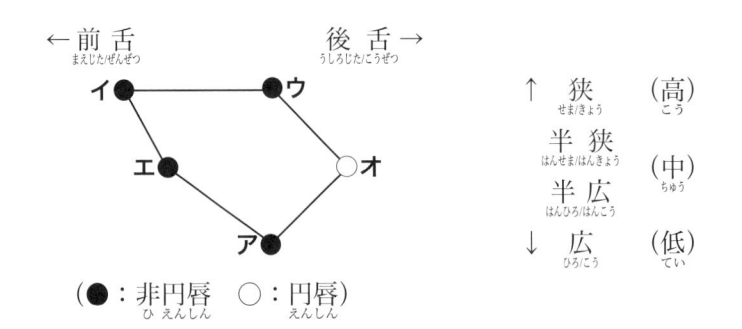

```
←前舌        後舌→
  イ●━━━●ウ           ↑ 狭   (高)
    ＼    ＼             半狭  (中)
   エ●    ○オ            半広
      ＼  ／            ↓ 広   (低)
        ●
        ア

    (●：非円唇　○：円唇)
```

　それでは日本語の1つ1つの母音について、くわしく見ていきましょう。

(1) ア

　アの母音は、日本語の母音の中ではいちばん口の開きが大きい母音ですが、それでも口を軽く開くぐらいにします。舌はどこも盛り上げず、力を抜いて発音します。

(2) イ

　口をあまり開かないで、唇を少し横に引いて、前舌を盛り上げて発音します。

(3) ウ

　これも、口をあまり開かないで発音します。唇をまるめないで発音します。「唇のまるめがない」ことを示すため、発音記号では [u] ではなく [ɯ] という記号を使って表すのが一般的です。ただし、韓国語の ㅡ [ɯ] のように、口を横に引く音とも違います。また舌もあまり奥に引かないで、力を抜いて発音します。

(4) エ

　「イ」よりももっと口を開いて発音します。「イ」と「ア」の間の音です。

(5) オ

　「ウ」よりももっと口を開いて発音します。舌は、口の奥のほうで盛り上がります。唇は、軽くまるめますが、あまり強くはまるめません。唇をまるめすぎないように注意しましょう。

	ア	イ	ウ	エ	オ
発音記号	[a]	[i]	[ɯ]	[e]	[o]
唇					
口の中の図					

ア イ ウ エ オ　[a i ɯ e o]

やってみましょう

《練習1》
唇のまるめがない日本語の [ɯ] と唇のまるめがある [u] を、音の違いに注意して聞きましょう。

○ [ɯ]　－　× [u]

《練習2》
唇の形に注意して、日本語の「ウ」の音を発音しましょう。

1. はじめに、口を閉じて、口の力を抜く。
2. 唇の端に、人さし指を当てる。
3. 唇や舌に力を入れないように気をつけながら、口を少しだけ開く。
4. 唇に触れている指が動かないように気をつけながら、「ウ」と発音する。

《練習3》
アラビア語など、母音が3つの言語を母語とする学習者は、日本語の「イ」と「エ」、「ウ」と「オ」の区別が問題になる場合があります。たとえば「にく」が「ねこ」のように聞こえてしまうことがあります。これを区別する練習をしましょう。

11

このような場合は、「エ」「オ」のときには口を少し大きめに開くようにすると、区別がわかりやすくなります。次のように練習してみましょう。

1. 「イ」と言いながら、あごに指を当てる。
2. 口の開きを指で感じながら、少し大きめに口を開いて「エ」と言う。
3. あごに指を当てながら、「イ」と「エ」をくり返し、感覚をつかむ。
4. 同じように、「ウ」と「オ」でも練習する。

「ウ」では唇をまるめないようにして、「オ」と区別できるようにすることも大切です。また「ウ」では舌を奥に引かないで、少し「イ」に近い感じで発音すると、日本語らしい音になります。

《練習4》

英語話者などで、「ア」と「イ」、「ア」と「エ」のように母音が続くと、英語の二重母音のようになってしまう人がいます。2つの別々の母音として、発音する練習をしましょう。

英語の二重母音 [aɪ] は、[a] から [ɪ] へと変化する1つの母音です。これに対し、日本語の「会社」「入る」などの [ai] は、[a] と [i] が続いた2つの母音であると考えるのが一般的です。日本語の2つの母音を英語のような1つの二重母音で発音すると、音色が不自然になったり、長さが短くなったりする問題が出てきます。1つの二重母音ではなく2つの母音として発音するように、次のように練習してみましょう。

1. 黒板などに、「ア」と「イ」という文字を、少し離して書く。
2. 「ア」を指しながら、[a] を言わせる。
3. 「イ」を指しながら、[i] を言わせる。
4. 「ア」「イ」をくり返し指しながら、[a][i] を発音させる。これをだんだん速くしていく。
5. 「会社」「入る」などの単語で、「ア」「イ」を指しながら言わせる。

2-3. 日本語の子音

子音は、口の中のどこかに狭い部分を作って、息の流れをじゃまして作る音です。口の中のどこに「じゃま」を作るかを、子音の**調音点**、その「じゃま」がどんな種類のものかを**調音法**と言います。子音を考えるときは、この2つの基準が大切です。また、これに加えてもう1つ、そのじゃまを作っているときに声が出ているかどうかで、**有声**と**無声**が分けられます(有声無声については2-5.でくわしく説明します)。

```
子音の分類：    有声／無声  －  調音点  －  調音法
```

やってみましょう

次の図を見ながら、自分の口で調音点の場所を確かめてみてください。

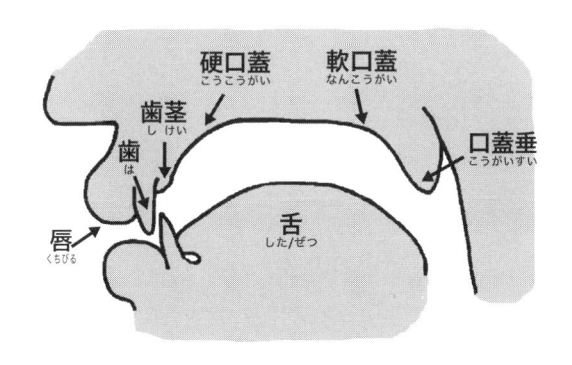

1. まず、鏡を見てください。外からも見える、口の入り口が**唇**です。
2. 唇のすぐ後ろに、**歯**があります。舌の先で、上の歯の裏をなめて確かめてください。
3. 歯の根本に、でこぼこで少し盛り上がった部分があります。これが**歯茎**です。
4. 舌の先を後ろにずらしていきます。アーチの硬い部分が**硬口蓋**です。
5. 硬口蓋をなめながら、そこからさらに舌先を後ろにずらしていくと、硬かった部分が終わり、軟らかい部分になります。これが**軟口蓋**です。
6. その後ろには舌が届かないので、また鏡を見ることにします。口を開けると、口の奥にぶら下がっているものが見えます。これが**口蓋垂**です。

歯茎～硬口蓋は、もう少しくわしく分けることができます。歯茎のうち、特に硬口蓋に近い後ろのほうの部分を**後部歯茎**または硬口蓋歯茎と言います。また硬口蓋のうち、特に歯茎に近い前のほうの部分を、前部硬口蓋または**歯茎硬口蓋**と言います (*1)。

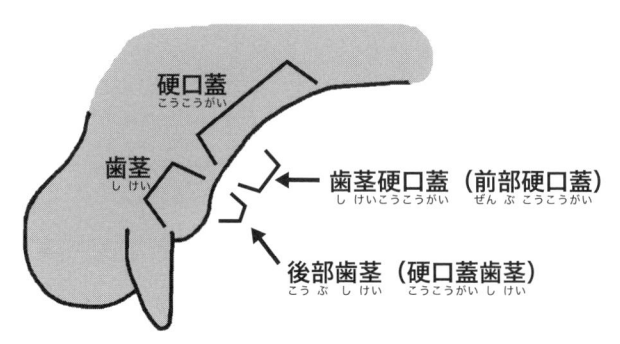

子音について説明を読んだり、学生に教えたりする場合は、その子音の調音点は実際に口の中のどこにあるのかを感覚として理解することが大切です。練習するときも、その音を作るときに口の中のどこを使っているか、気をつけながら練習するようにしましょう。

なお、母音や子音などの具体的な音声を記述するときには、IPA（International Phonetic Alphabets：国際音声記号）という発音記号を使います。この本でも日本語や外国語の母音や子音を説明するとき、このIPAを使っています。学習者に説明するときには、発音記号を使うことはあまりありませんし、これらの記号を全てを覚える必要はありません。しかし、発音記号を知っていると、ある音が口の中で「どのように作られているか」というのと、その音が「実際にどのような音か」というのを具体的に結び付ける手がかりにすることができますので、役に立つでしょう。

IPAの一覧表は、この本の付属データにPDFファイルが収録されています。オリジナル版（英語）、日本語版、日本語ふりがなつき版の3種類がありますので、学習者の必要に応じて、プリントアウトして使ってください。

それでは、日本語の子音を1つずつ見ていきましょう。

(1) カ行の子音

	カ、ク、ケ、コの子音	キ、キャ、キュ、キョの子音
発音記号	[k]	[kʲ]
音の名前	無声軟口蓋破裂音	口蓋化した無声軟口蓋破裂音
口の中の図		

　カ、ク、ケ、コの子音は、口の奥の軟口蓋で作られる音です。舌で息の流れをいったん完全にふさいで作る音で、こうした音を**破裂音**と言います。

　キの子音もこれと同じように作りますが、子音を作るときに、母音「イ」のときと同じように、舌の前のほうが硬口蓋のほうに盛り上がっています。このように、子音を作るときに舌の形が「イ」の形になることを**口蓋化**と呼び、音声記号では [ʲ] をつけて表します。

カ　キ　ク　ケ　コ　　　キャ　キュ　キョ

[ka　kʲi　kɯ　ke　ko]　　[kʲa　kʲɯ　kʲo]

やってみましょう

《練習5》

「カ」と発音しようとして、「キャ」のようになってしまう人がいます。「カ」を「キャ」ではなく「カ」と聞こえるように、[k] の音で発音する練習をしましょう。

　「カ」が「キャ」に聞こえる原因は、調音点が前のほうにずれたり、舌の前のほうが盛り上がってしまったりするためです。「カ」の [k] を発音するときも、「コ」の [k] を発音するときと同じように作れれば、「キャ」に聞こえないようになります。

1. 口の感覚に気をつけながら、「コ、コ、コ、コ」と言う。
2. 子音を作るときの舌の位置は変えないように、「コ、カ、コ、カ」と言う。
3. 「コ、コ、コ、コ」の後に「カ、カ、カ、カ」と続けて言う。

(2) ガ行の子音

	ガ、グ、ゲ、ゴの子音	ギ、ギャ、ギュ、ギョの子音
発音記号	[g]	[gʲ]
音の名前	有声軟口蓋破裂音	口蓋化した有声軟口蓋破裂音
口の中の図		

　ガ行の子音は、調音点と調音法はカ行の [k] と同じですが、子音を作るときに声が出ている有声音です。ギ、ギャ、ギュ、ギョのときは、口蓋化した音になります。

ガ　ギ　グ　ゲ　ゴ　　　ギャ　ギュ　ギョ
[ga　gʲi　gɯ　ge　go　　gʲa　gʲɯ　gʲo]

考えましょう

【質問10】
次の「かがみ」という単語を聞いてください。Aの「かがみ」とBの「かがみ」の発音は、どう違うでしょうか？

　A.かがみ　　　B.かがみ

　「かがみ」の「が」の部分に気をつけて、もう一度聞いてください。Aでは「が」の音が、前に説明した破裂音で発音されていましたが、Bでは「が」の音が、破裂音ではなく、鼻からも息を出して発音する「鼻音」という音で発音されていました（音声記号では [ŋ] という文字で表します）。
　日本語では、ガ行がことばの中にきたとき、破裂音でなく鼻音で発音されることがあります。これを「ガ行**鼻濁音**」と呼びます。発音の本やアクセント辞典などでは、破裂音のガと区別するために、鼻濁音のガ行を「カ゜、キ゜、ク゜、ケ゜、コ゜」のように表すこともあります。

	普通のガ行の子音　[g]	ガ行鼻濁音　[ŋ]
口の中の図		

考えましょう

【質問11】　　　　　　　　　　　　　　　　　　→〈解答・解説編へ〉
これまで「ガ行鼻濁音」ということばを聞いたことがありましたか？　あなた自身はどのように習いましたか？　また学生にはどう教えていますか？　これからどう教えればいいと思いますか？

　ガ行鼻濁音は、昔は日本語のガ行の発音として一般的でしたが、現在では使う人がとても少なくなってきました。特に、若い人は、ほとんど使わなくなっています。そのため、今の日本語教育では「外国人が、わざわざ発音できるように練習する必要はない」という考え方が一般的です。
　しかし、ガ行鼻濁音はガ行の「正しい発音」であるという考え方は今でも残っていて、テレビのアナウンサーの発音や、日本語教材の付属音声などの発音では、ガ行鼻濁音が使われている場合もあります。自分で発音する必要はなくても、聞いて「この音も、日本語のガ行の音だ」ということがわかるように、説明しておくことは必要でしょう。

(3) サ行の子音

	サ、ス、セ、ソの子音	シ、シャ、シュ、ショの子音
発音記号	[s]	[ɕ]
音の名前	無声歯茎摩擦音	無声歯茎硬口蓋摩擦音
口の中の図		

　サ、ス、セ、ソの子音は、舌の先と歯茎で作る音です。調音法は、舌と歯茎で狭いすき間を作って出す音で、**摩擦音**と言います。

　シ、シャ、シュ、ショの子音は、調音法は [s] と同じ摩擦音ですが、音を作る場所が違います。「シ」のときには舌の先は下の歯の裏に収まったままで、舌の前のほうが盛り上がって、歯茎のもっと後ろのほうの、歯茎硬口蓋という場所で作ります。

サ シ ス セ ソ　　シャ シュ ショ
[sa ɕi sɯ se so　　ɕa ɕɯ ɕo]

　日本語の [ɕ] は、英語の sh の音 [ʃ] とは少し違います。英語の [ʃ] は、日本語の [ɕ] よりも調音点がもう少し前のほうの、後部歯茎という場所で作られる音です。また、英語の [ʃ] のときは、唇も少しまるめられます。そのため、日本語のシ、シャ、シュ、ショの子音を英語の [ʃ] で発音したら、意味は変わりませんが、日本人にとっては少し「英語なまり」の発音に聞こえます。違いに注意して聞いてみましょう (*2)。

○わたし [ɕ] ― ×わたし [ʃ]

やってみましょう

《練習6》

シ、シャ、シュ、ショの子音が、サ、ス、セ、ソと同じ [s] になってしまう人がいます。この場合、たとえば「わたし」が「わたすぃ」のように聞こえたり、「ゆ

「うしょく」が「ゆうそく」のようになったりしてしまいます。このような人のための、[s] ではなく [ɕ] を作る練習をしましょう。

[s] と [ɕ] の違いは、音の作られる場所です。[s] は舌先と歯茎で作られる音ですが、[ɕ] は舌の前のほうの面と、歯茎よりもっと後ろの歯茎硬口蓋で作られる音です。そのため、[ɕ] が [s] になってしまう場合は、舌先を使わないで、もう少し後ろのほうで音を作るようにしなければなりません。しかし、口の中のどのあたりで音を作っているかは、音声学の訓練を受けていなければ、なかなか難しいものです。そこで、以下のような方法で練習してみましょう。

1. はじめに、舌の先で、下の歯の裏をなめる。
2. 舌先を、下の歯の裏から少し離すようなつもりで奥に引いて、[ɕ] を発音する。

やってみましょう

《練習7》

タイ語話者など、シの子音がチのようになってしまう場合があります。この場合、たとえば「します」が「ちます」のようになってしまいます。「シ」が「チ」にならないような練習をしましょう。

「シ」が「チ」になるのは、[ɕ] を作るときに、舌が歯茎についてしまうため、[tɕ] という破擦音になってしまうからです。そのため、[ɕ] を言うときに、舌が歯茎に触れないように言う練習をするとよいでしょう。

1. はじめに、「シ」の子音 [ɕ] だけをのばして発音する。　　[(t)ɕ::::::::::::]
2. 子音 [ɕ] を長くのばした後に、母音 [i] をつけて「シ」を言う。　　[(t)ɕ::::::::::::i]
3. [ɕ] を長くのばしたまま、口の形を変えないで息をときどき出したり休めたりしながら、少し短めに [ɕ::::（無音）ɕ::::（無音）ɕ::::] とくり返す。その後に2と同じように [i] をつけて、「シ」を言う。　　[ɕ::（無音）ɕ::（無音）ɕ::i]

(4) ザ行の子音

	ザ、ズ、ゼ、ゾの子音	ジ、ジャ、ジュ、ジョの子音
発音記号	[ʣ]	[ʥ]
音の名前	有声歯茎破擦音	有声歯茎硬口蓋破擦音
口の中の図		

　ザ、ズ、ゼ、ゾの子音は有声音で、舌先を歯茎につけて、空気の流れを1回ふさいでから、その後に摩擦音を作って続ける**破擦音**です。ジ、ジャ、ジュ、ジョの子音は、調音法はザ、ズ、ゼ、ゾの子音と同じ有声の破擦音で、調音点はシ、シャ、シュ、ショの子音と同じ歯茎硬口蓋です（*3）。

ザ　ジ　ズ　ゼ　ゾ　　　ジャ　ジュ　ジョ

[ʣa ʥi ʣɯ ʣe ʣo　　ʥa ʥɯ ʥo]

　また、ザの子音もジの子音も、ことばのはじめの位置（語頭）にきたときは、いつも破擦音で発音されますが、ことばの途中（語中）にきたときは、舌で息の流れを止めないまま作られる、摩擦音 [z]（ザ行）、[ʑ]（ジャ行）で発音されることも多いです。

	ザ、ズ、ゼ、ゾの子音 （語中でときどき）	ジ、ジャ、ジュ、ジョの子音 （語中でときどき）
発音記号	[z]	[ʑ]
音の名前	有声歯茎摩擦音	有声歯茎硬口蓋摩擦音
口の中の図		

やってみましょう

《練習8》

韓国や東南アジアの人の中には、「ザ、ズ、ゼ、ゾ」と発音しようとして、「ジャ、ジュ、ジェ、ジョ」のようになってしまう人がいます。たとえば、「〜ございます」と言おうとして「〜ごじゃいます」のように聞こえてしまったりします。ザ行がジャ行にならないように、練習しましょう。

ザ行のとき舌の前の面が盛り上がって、調音点が少し後ろにずれてしまうと、「ジャ」のように聞こえます。しかし、ザ行とジャ行の舌の位置はとても似ていて、口の中の形の違いを説明して直そうとしても、難しいことが多いです。そこで、ザ行がジャ行になるときは、ジャ行から直接ザ行に直そうとしないで、サ行からザ行を作る練習をすると、うまくいくことがあります。

```
                (難しい)
    ザ ◀┄┄┄┄┄┄┄┄┄┄┄┄┄ ジャ
    ▲
    │
    サ
```

1. はじめに、[s] の音をのばして発音する。　　[s::::::::::]
2. [s] をずっと発音したまま、声を出す。[z] の音になる。　　[s::::z::::::::]
3. [z] の音ができていることを確認したら、後ろに母音をつける。　　[s::::z::::::a]
4. 短く「ザ」を言う。　　[za]

日本語のザ行音は語頭では本当は破擦音 [ʣ] になりますが、これを摩擦音 [z] で発音しても、日本人はあまり区別がつかないので、実際的な問題はありません。

(5) タ行の子音

	タ、テ、トの子音	チ、チャ、チュ、チョの子音	ツの子音
発音記号	[t]	[tɕ]	[ts]
音の名前	無声歯茎破裂音	無声歯茎硬口蓋破擦音	無声歯茎破擦音
口の中の図			

タ、テ、トの子音は、舌の先を歯～歯茎の裏につけて、空気の流れをいったん止めて作る、無声の破裂音です。

チ、チャ、チュ、チョの子音は、はじめに舌の面が歯茎硬口蓋について、空気の流れを1回ふさいでから、その後に摩擦音を作って続ける破擦音です。音を作る場所はシの子音とだいたい同じです。

ツの子音は、タ、テ、トの子音とも、チの子音とも違います。タ、テ、トの子音 [t] と同じように、舌の先を歯の裏から歯茎あたりにつけて息の流れを止めますが、音を出すときに、そのすぐ後に摩擦音 [s] を続ける破擦音です。

タ チ ツ テ ト　　チャ チュ チョ 🎥 🔊
[ta tɕi tsɯ te to　　tɕa tɕɯ tɕo]

日本語のタの子音も、英語のtの音も、両方とも発音記号 [t] で表します。しかし、実際に音が作られる場所は、英語と日本語では少し違います。英語の [t] は、歯茎の後ろのほうで作られる音で、日本語の [t] は、歯に近い前のほうで作られる音です。もし日本語の [t] を英語の [t] で発音すると、意味は変わりませんが、少し「英語なまり」の発音になります。

	日本語の [t]	英語の [t]
口の中の図		

2つの音の違いに注意して聞いてみてください。また母語が日本語または英語以外の人は、自分の母語の [t] の音が日本語と英語のどちらに近いか、考えてください。

日本語「タタタ」 🔊 ― 英語「ta ta ta」🔊

やってみましょう

《練習9》
日本語の「ツ」の発音は、英語話者、韓国語話者などをはじめ、その発音がよく問題になることが多いです。「ツ」の発音を練習しましょう。

a.「ツ」が「ス」になってしまう場合 🎥

「ツ」の子音 [ts] はいったん舌先が歯茎の裏について息をふさいでから作る破擦音ですが、舌先が歯茎につかないで発音されると、摩擦音の [s] になります。そのため、「ツ」が「ス」になってしまう人は、舌先を歯茎の裏にきちんとつけることを意識させることが必要です。

1. はじめに、[s] をのばして発音する。　[s::::::::::]
2. 音の最後に舌先を歯茎の裏につけて息をふさぎ、音を止める。[s::::::::::t]
　　このとき、両手を歯と舌先に見立てて、舌先が息をふさぐ様子を表して見せる。

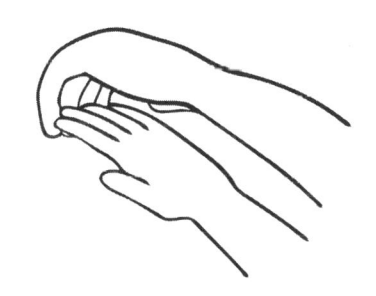

3. そのままの口の構えから、再び [s] を作って、同じようにまた舌先でふさぐ。
　　[ts::::::::t]
4. 上の発音をくり返す。　[ts::::::::t::::ts::::::::t::::ts::::::::t]
5. だんだん [t] の閉鎖を長く、[s] の摩擦音の部分を短くしていく。
　　[tst::::::tst::::::tst::::::t]
　　3～5のときも2と同様に、舌が息をふさいでいる様子を手で表す。
6. 閉鎖の後に [s] を言う感覚をつかんだら、母音をつけて「ツ」を言う。

b.「ツ」が「チュ」になってしまう場合

　ツがチュに聞こえる原因は、ザ行とジャ行の関係と同じです。つまり、子音を作るときに舌の前のほうが盛り上がって、調音点が少し後ろのほうにずれてしまうと、ツがチュのように聞こえてしまいます。しかし、ザ行のときと同様に、口の中の形の違いを説明して「チュ」を「ツ」に直そうとしても、やはり難しいことが多いです。

　そこで、「ツ」もザ行のときと同じように、「チュ」から直接直すのではなく、「ス」の音から「ツ」を作る練習をすると、うまくいくことがあります。

　具体的な練習方法は、《練習9》のaを参考にしてください。

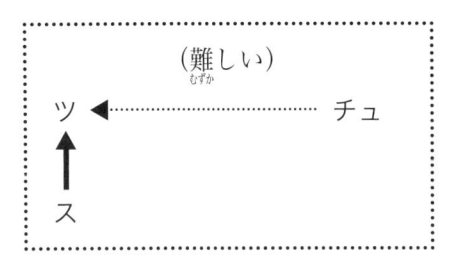

```
              (難しい)
    ツ ◀‥‥‥‥‥‥‥‥ チュ
    ↑
    ス
```

　「ツ」が「チュ」になってしまったり、ザ行がジャ行になってしまったりするのは、韓国語話者をはじめ、アジアの日本語学習者に比較的よく見られる発音です。しかし、外国人との会話に慣れていない普通の日本人にとっては、このような発音は、「幼児語」（小さな子どもが話すことば）のように聞こえるため、悪い印象を与えてしまうことがあります。

　もちろん、こうした発音の癖というのは外国語を勉強していくうえで避けられないものであり、決して悪いことでも恥ずかしいことでもありません。そのため、「しかたがない」「恥ずかしがらずに堂々と発音すればいい」と教えるのも、1つの考え方です。しかし、それでもなお、こうした発音が一般の日本人には「おかしな発音」として判断されることがあり、そのために学習者が日本でマイナスの印象を持たれたりするなど、損をする可能性もあることは、否定できません。

　このような場合、比較的簡単に悪い印象をなくす方法としては、ジャ行に聞こえるザ行や、「チュ」に聞こえる「ツ」の発音を、すべてサ行や「ス」の音 [s] で発音させるという方法があります。日本人にとっては、ザ行がジャ行になったり、「ツ」が「チュ」になったりする発音はよくない印象ですが、ザ行をサ行で発音したり、「ツ」を「ス」で発音しても、それほど悪い印象には聞こえません。

○　おはようございます。きょうは あついですね。🔊　（→母語話者の発音）

×　おはようごじゃいます。きょうは あちゅいですね。🔊　（→印象が悪い）

△　おはようごさいます。きょうは あすいですね。🔊　（→少し不自然だが悪い印象はない）

　このように、ザ行と「ツ」の子音がジャ行や「チュ」になってしまう学習者の場合は、これらの音をすべて [s] の子音で発音させるだけで、日本人にとっては急にきれいな発音になったように聞こえるでしょう。このように「本物ではない」発音で代用させる「裏技」のような方法に対して抵抗がある人もいるかもしれません。しかし、学習者の学習目的や、発音練習にかけられる時間によっては、これだけで十分な効果が得られるなら、指導法の1つとして、こうした方法を使ってみてもいいかもしれません。

　また、もしきちんとザ行や「ツ」の音を練習したい場合も、前に書いたように、ジャやチュから直接直すのではなく、[s] の音から直すほうが簡単です。そのため、いったん [s] で置きかえて、感じをつかんだ後から、少しずつザ行や「ツ」の音に直していくこともできるでしょう。

タ行

(6) ダ行の子音

	ダ、デ、ドの子音
発音記号	[d]
音の名前	有声歯茎破裂音
口の中の図	

　ダ、デ、ドの子音は、調音点と調音法はタ、テ、トの子音 [t] と同じで、声が出ているかどうかだけが違います。

　また、「ヂ」は「ジ」と、「ヅ」は「ズ」と、まったく同じ発音です。これらは「**四つ仮名**」と呼ばれることもあります。「ジ」と「ヂ」、「ズ」と「ヅ」は、昔の日本語ではそれぞれ違う音で発音されていたと考えられますが、現在の東京の発音では完全に同じ音になりました。現在の「じ」と「ぢ」、「ず」と「づ」は、それぞれ同じ音に対して、文字が2種類ずつあると考えればいいでしょう。

ダ　（ヂ　ヅ）　デ　ド　　　（ヂャ　ヂュ　ヂョ）

[da　(dʑi　dzɯ)　de　do　　(dʑa　dʑɯ　dʑo)]

(7) ナ行の子音

	ナ、ヌ、ネ、ノの子音	ニ、ニャ、ニュ、ニョの子音
発音記号	[n]	[ɲ]
音の名前	歯茎鼻音	歯茎硬口蓋鼻音
口の中の図		

　ナ、ヌ、ネ、ノの子音の作り方は、ダ、デ、ドと同じように、舌先を歯の裏～歯茎につけて作ります。違うのは、ナ行の子音のときには息が鼻にも抜けているという点です。このように、鼻に息を通して作る調音法を、**鼻音**と言います。

　ニ、ニャ、ニュ、ニョの子音は、ナ、ヌ、ネ、ノとは舌の形や位置が少し違います。ナ、ヌ、ネ、ノの子音 [n] のときは、舌先が歯の裏～歯茎について音を作りましたが、ニ、ニャ、ニュ、ニョの子音のときは、舌先は下の歯の裏に収まったままです。舌の前のほうの面が全体的に盛り上がって、歯茎よりももっと後ろの歯茎硬口蓋あたりに広くついて作ります。

ナ　ニ　ヌ　ネ　ノ　　　ニャ　ニュ　ニョ
[na　ɲi　nɯ　ne　no　　　ɲa　ɲɯ　ɲo]

　もしニ、ニャ、ニュ、ニョの子音を、舌先と歯茎で音を作って [n] で発音したら、意味は変わりませんが、日本人にとっては少し「日本語らしくない」発音に聞こえます。違いに注意して聞いてみましょう。

　〇日曜日／カニ [ɲ]　—　×日曜日／カニ（「に」を [n] で発音）

　また、「ナ行の子音＝すべて [n]」だと思ってしまうと、[ɲ] を [ŋ] として聞いてしまい、「ニ」と「ギ」を誤ってしまう場合もあります（「カニ」と言ったのに、「鍵」と聞いてしまう、など）ので、このような点にも注意が必要でしょう。

(8) ハ行の子音

	ハ、ヘ、ホの子音	ヒ、ヒャ、ヒュ、ヒョの子音	フの子音
発音記号	[h]	[ç]	[ɸ]
音の名前	無声声門摩擦音	無声硬口蓋摩擦音	無声両唇摩擦音
口の中の図			

　ハ行の子音はすべて、声を出さない無声の摩擦音ですが、ハ、ヘ、ホの子音、ヒ、ヒャ、ヒュ、ヒョの子音、フの子音では、それぞれ違う場所で作られます。

　ハ、ヘ、ホの子音は、口の中のどこにもじゃまを作らないで、息をそのまま出して作る音です。息の音は主に、声を作る声帯に挟まれた**声門**という空間を息が通るときに出る音と考えられますので、声門摩擦音と分類されます。

　ヒ、ヒャ、ヒュ、ヒョの子音は、舌の前のほうが全体的に盛り上がり、硬口蓋との間に狭いすき間を作って出す音です。[h] の音よりも、もっと強くてはっきり聞こえる音です。シ、シャ、シュ、ショの子音の [ɕ] にとても近い音ですが、ヒの [ç] のときは舌がもっと硬く盛り上がり、歯に息を当てないで作ります。

　フの子音は、唇で作ります。上の唇と下の唇を近づけて、ろうそくの火を「フーッ」と消すときのように息を出して作ります。

ハ　ヒ　フ　ヘ　ホ　　ヒャ　ヒュ　ヒョ
[ha　çi　ɸɯ　he　ho　　ça　çɯ　ço]

考えましょう。

【質問12】
自分の学習者の母語（または自分の母語）には、日本語のハ行に似ている音はありますか？　それは、どんな音ですか？　また、もし日本語のハ行を発音しようとするとき、どんな問題が起こる可能性が考えられますか？

日本語のハ行に近い摩擦音は、世界の言語にいろいろありますが、それぞれの言語では、日本語と少しずつ違います。

　英語には、[h] の音はありますが、[ç]、[ɸ] はありません。また、[ɸ] に近い音として、唇と歯で作る [f] があります。そのため、英語話者では日本語のヒの音が [h] になったり、フの音が [h] や [f] になったりすることがあります。その場合、意味の区別にはあまり影響しませんが、やはり少し不自然な感じがします。また、[ç] に比べると [h] の音は弱い音なので、聞こえにくくなることもあります。

　韓国語には、[h] の子音がありますが、日本語の音と比べてとても弱い音です。特に、ことばの中（語中）にくると、ほとんど聞こえなくなってしまいます。そのため、日本語の「ごはん」「にほん」「さいふ」が、それぞれ「ごあん」「におん」「さいう」のように聞こえることがありますので注意が必要です。

　中国語、ロシア語には [h][ç][ɸ] のどれもなく、似た音としては、唇歯音の [f]、そして、口の奥の軟口蓋で作られる [x] という音があります。ハ、ヒ、ヘ、ホの子音を [x] で発音しても、日本人にはハ行の音として理解されますが、[x] はとても強い摩擦の音があるため、日本人にとっては違和感のある音に聞こえます。

　フランス語、スペイン語、ポルトガル語、イタリア語など、ラテン系言語の話者の場合、[h] の音がないため、「ハヒフヘホ」と「アイウエオ」の区別が難しいことがあります。たとえば、「はな」と言おうとして「あな」のようになってしまったりします。

　スペイン語、ポルトガル語には、似ている音として、のどのいちばん奥の口蓋垂で作る [χ] という音がありますが、日本語のハ行の子音をこの音で発音すると、やはりとても違和感のある音になります。ただし、ハ行を [x] や [χ] で発音しても、日本人にとってはハ行として理解されますので、特にハ行とア行の区別ができない場合などは、ハ行の子音を [x] や [χ] で発音させるというのも1つの方法でしょう（たとえば、「はな」が [ana] になるなら、[χana] と発音したほうが、「あな」ではなく「はな」に聞こえます）。違和感があっても、ア行との混同を防ぐことを最優先した方法であると言えます。

ハ行

やってみましょう

《練習10》
これまで出てきた「ハ行の子音に似ている音」を聞いてみましょう。

フ　○ [ɸɯ] 🔊 －　×[fɯ] 🔊
ハ　○ [ha] 🔊 －　×[xa] 🔊 －　×[χa] 🔊

発音記号	[f]	[x]	[χ]
口の中の図			

やってみましょう

《練習11》
日本語のハ行の子音 [h]、[ç]、[ɸ] の作り方を練習しましょう。

a. ハ、ヘ、ホの子音 [h]

　ハ、ヘ、ホの子音 [h] は、息を吐くときの音そのままです。つまり、口の中を閉じたり、狭い部分を作ったりしないで、口の中を息がそのまま通ったときに出る音です。そのため、[h] の子音が聞こえなくなってしまったり、[x] [χ] などの違う音になってしまうときは、この「息を吐くときの音」を思い出しながら練習しましょう。たとえば、以下のような方法です。
　1. 口の前に鏡やガラスを置き、「ハー」と息を吐いて曇らせる。🎥
　1'. 走った後などのつもりになって、息を「ハア、ハア、ハア」と吐く。🎥
　1''. 困ったことや悩み事があるつもりになって、ため息を「ハ〜ッ」と吐く。🎥
　2. 息を吐いた後に [a] の母音をつけて、「ハ」と言う。

b. ヒ、ヒャ、ヒュ、ヒョの子音 [ç]

　日本語のヒの子音 [ç] は、舌の前のほうと硬口蓋で狭いすき間を作って作る音です。この調音点は、母音の [i] で盛り上がる舌の位置ととても近いので、[i] から [ç] を作る練習ができます。

1. はじめに、「イ」をのばして発音する。　　[i:::::::::]
2. 「イー」と言ったままで、声を出すのをやめて、息だけを強く吐く。
   [I:::::ç:::::]
3. はじめから、声を出さない [ç] の音を出す。　　[ç::::]
4. [i] の母音を後ろにつけて、「ヒ」と言う。　　[çi]

c. フの子音 [ɸ]

　日本語のフの子音 [ɸ] は、上の唇と下の唇を使って作る音です。これは、息を「フーッ」と吹くときの音です。そこで、次のように練習してみましょう。

1. ロウソクを吹いて消すときのことを思い出す。口の前に指を1本立てて、ロウソクのかわりにする。火を消すときのように、息を「フーッ」と吹く。
1'. 熱いスープを冷ますときのことを思い出す。手を口の前に持って行って、スプーンに熱いスープが入っているときのまねをする。スープを冷まして飲むことを考えて、息を「フー、フー」と吹く。
1". ティッシュペーパーを両手で持ち、口の前に垂らす。ティッシュペーパーが息で動くように、息を「フッ」と吹く。
2. 息を吹いた後、母音をつけて「フ」と言う。

息を吹くときに、唇をとがらせないように注意しましょう。

　「ヒ」「フ」の子音が聞こえなくなってしまうのは、母音の無声化も関係しています。たとえば「ひとつ」「ようふく」と言うときには、「ひ」「ふ」の母音 [i][ɯ] は無声化します。これによって「ひ」「ふ」は全体で声を出さないで発音されるので、[ç][ɸ] の子音がはっきり聞こえます。これを、もし母音を無声化しないで発音すると、母音が目立つようになるかわりに、子音の部分はあまり聞こえなくなって、「いとつ」「よううく」のように聞こえてしまう可能性が高くなります。

　ひとつ 🔊　洋服 🔊

母音の無声化については、この章の後のほう（2-6.）でくわしく説明、練習します。

(9) バ行、パ行の子音

	バ、ブ、ベ、ボの子音	ビ、ビャ、ビュ、ビョの子音
発音記号	[b]	[bʲ]
音の名前	有声両唇破裂音	口蓋化した有声両唇破裂音
口の中の図		

	パ、プ、ペ、ポの子音	ピ、ピャ、ピュ、ピョの子音
発音記号	[p]	[pʲ]
音の名前	無声両唇破裂音	口蓋化した無声両唇破裂音
口の中の図		

　バ行、パ行の子音をいっしょに見ていきます。これらは両方とも、唇を閉じて作る破裂音です。バ行の子音は音を作るときに声が出ている有声音、パ行の子音は声が出ていない無声音です。

　ビ、ビャ、ビュ、ビョおよびピ、ピャ、ピュ、ピョの子音は、調音点と調音法は[b][p]と同じですが、子音を作るときの舌の形が、「イ」の形をしています。つまり、[b][p]が口蓋化した[bʲ][pʲ]です。

バ　ビ　ブ　ベ　ボ　　　ビャ　ビュ　ビョ
[ba　bʲi　bɯ　be　bo　　bʲa　bʲɯ　bʲo]

パ　ピ　プ　ペ　ポ　　　ピャ　ピュ　ピョ
[pa　pʲi　pɯ　pe　po　　pʲa　pʲɯ　pʲo]

(10) マ行の子音

	マ、ム、メ、モの子音	ミ、ミャ、ミュ、ミョの子音
発音記号	[m]	[mʲ]
音の名前	両唇鼻音	口蓋化した両唇鼻音
口の中の図		

　マ行の子音はバ行、パ行の子音 [b][p] と同じように、唇を閉じて作る音ですが、ナ行の子音 [n] と同じように、鼻にも息を抜いて音を作る「鼻音」です。ミ、ミャ、ミュ、ミョのときは、バ行、パ行のときと同じように、口蓋化した音になり、「イ」の口の構えで発音されます。

マ　ミ　ム　メ　モ　　　ミャ　ミュ　ミョ

[ma mʲi mɯ me mo　　mʲa　mʲɯ　mʲo]

マ行

(11) ヤ行の子音

	ヤ、ユ、ヨの子音
発音記号	[j]
音の名前	硬口蓋接近音
口の中の図	

　ヤ行の子音は、硬口蓋に向けて舌の前の面を近づけ、軽い狭めを作る音です。この狭めは摩擦音のようにノイズがでるほど狭くはありません。このように作る音を**接近音**と言います。
　この [j] のときの口の構えというのは、実は母音の「イ」[i] のときと同じです。口の構えは母音と同じだけれど、そこからほかの母音に移るので、役割としては子音と同じということから、このような音のことを**半母音**と呼ぶこともあります。

ヤ ユ ヨ　　[ja ju jo]

やってみましょう

《練習 12》
接近音 [j] のときの狭めが狭すぎると、摩擦音になってしまい、日本人にはジャ行のように聞こえます。このような発音は、スペイン語話者、ベトナム語話者などに見られることがあります。摩擦音にならないように [j] を発音する練習をしましょう。

　ヤ行の子音がジャ行のように聞こえないためには、摩擦音が聞こえるほどの狭めを作らないことが大切です。子音 [j] を作るときは少し力を抜いて、舌を軽く動かすぐらいにします。このとき、[j] の最初の舌の位置は「イ」[i] と同じですから、母音 [i] を言うときのことを思い出しながら練習しましょう。

　1.「イ」をのばして発音する。　[i:::::::]
　2. 舌の位置を動かさないで、そのまま声を止める。このときの口の中の形を意識する。
　3. その口の形から、後ろに母音をつけて、「ヤ」と言う。　[i:::] 〜 [ja]

(12) ラ行の子音

	ラ、ル、レ、ロの子音	リ、リャ、リュ、リョの子音
発音記号	[ɾ]	[ɾʲ]
音の名前	歯茎はじき音	口蓋化した歯茎はじき音
口の中の図		

　ラ行の子音は、歯茎の後ろの部分に舌先を短い時間だけ1回ポンと軽く当て、すぐに離して作る音です。舌先が歯茎をはじくように作ることから、このように作る音を**はじき音**と呼びます。

　リ、リャ、リュ、リョのときは、やはり口蓋化した子音になります。舌の前のほうの面が「イ」のときのように盛り上がった形になったまま、舌先で歯茎を軽くはじいて作ります。

　なお、[ɾ]の調音点は「歯茎」となっていますが、同じ歯茎音の[t][d][n]と比べると、実際には音を作る場所が少し違います。日本語の[t][d][n]のときは、舌の先が歯の裏〜歯茎あたりについて音を作りますが、日本語の[ɾ]のときは、舌の先は歯に触れることはありません。歯茎のやや後ろの、少しまるく盛り上がった部分をはじいて作ります。

ラ　リ　ル　レ　ロ　　　リャ　リュ　リョ

[ɾa　ɾʲi　ɾɯ　ɾe　ɾo　　ɾʲa　ɾʲɯ　ɾʲo]

考えましょう。

【質問13】
日本語のラ行音はローマ字では「r」を使って書きますが、世界の言語の「r」の発音は、言語によって違います。自分の学習者の母語、または自分の母語には、アルファベットで「r」で書く音はありますか？　それはどんな音で、日本語のラ行の子音とはどう違いますか？

同じアルファベットで書かれていても、世界の言語の「r」の音の作り方は、いろいろな種類があります。

もっとも一般的なr音は、**ふるえ音**のrでしょう。舌先を歯茎の裏に軽くつけ、息を出すことによって、舌先をふるわせて音を作ります。世界の言語で広く使われている音で、音声記号でも、[r]を使って表すのはこの歯茎ふるえ音です。

日本語では、このふるえ音の[r]は「**巻き舌**」と呼ばれ、「江戸っ子」と言われる東京下町の人がときどき使う音とされてきました。落語や演歌の発音でもときどき使われますが、「けんかのときに使う発音」というイメージもあります。そのため、普通の会話でラ行の音をこのふるえ音で発音すると、意味は変わりませんが、怒っているように聞こえたり、強い口調で話しているように聞こえたりする可能性がありますので、注意する必要があります。

英語のrの発音は、舌先を歯茎のほうに持ち上げるだけでどこにもつけないで発音する、接近音の[ɹ]の音です。舌先が歯茎につかないので、音としては日本語のラ行の音とはかなり違って聞こえます。そのため、日本語のラ行をこの音で発音すると、意味の区別にはあまり影響しませんが、いかにも強い「英語なまり」があるような発音に聞こえます。また、人によってはときどきワ行のように聞かれてしまうこともあります。

発音記号	[r]	[ɹ]
口の中の図		

[ra] 🔊　[ra] 🔊　[ɹa] 🔊

ドイツ語、フランス語、ポルトガル語のr音は、舌先ではなくのどの奥で作られます。調音点は口蓋垂という部分で、口蓋垂ふるえ音[ʀ]、有声口蓋垂摩擦音[ʁ]、無声口蓋垂摩擦音[χ]などの音として発音されます。これらの言語の話者は、日本語のラ行の音をこののどの奥の音で発音することがありますが、日本語の音とはとても違って聞こえます。これは、音自体が似ているからまちがえるというよりも、自分の言語のrの音でそのまま発音してしまうためだと考えられます。

言語によっては、日本語のラ行の子音に近い音として、[l]の音がある場合もあります。[l]の音は、歯茎に舌先をつけたまま、舌の横から息を通して音を作る

側面接近音と呼ばれる音です。日本語のラ行の子音 [ɾ] は、歯茎を舌先が一瞬だけはじいて作る、非常に短い音ですが、[l] のときは、舌先が歯茎にしばらくついたままになって、舌の横のすき間で音を作ります。

発音記号	[R]	[ʁ／χ]	[l]
口の中の図			

[ʀa] 🔊　[ʁa] 🔊　[χa] 🔊　[la] 🔊

よく「日本人はrとlの区別ができない」と言われるように、日本人には、[l] の発音でもラ行の子音に聞こえます。日本語のラ行の子音を [l] で発音すると、意味の区別にもあまり影響しないし、不自然さもそれほど大きくありません（ただし、ときどき「甘えた感じの発音」に聞こえることがあるとも言われます）。そのため、学習者の母語のrの発音が、日本語のラ行の子音とは非常に異なる場合、ローマ字表記にこだわらずに、ラ行音を [l] で発音させるというのも、学習者の目的によっては1つの方法であると言えるでしょう。

やってみましょう

《練習13》
日本語のはじき音の [ɾ] を作る練習をしましょう。

1. 口を軽く開け、声を出さないで舌先で歯茎の後ろの盛り上がった部分をはじく。
2. これを、できるだけ速く、何回もはじくように練習する。
3. この後、声を出しながら、「ララララララララ…」とできるだけ速く言う。

　ラ行の子音のポイントとしては、できるだけ速く言うことによって、できるだけ短い音を作ること、また吐く息の力を使わずに、自分で舌を動かすことによって作ることが大切です。

《練習14》
中国語話者（特に南部や台湾の人）などで、日本語のラ行とダ行、ナ行の区別が

問題になることがあります。また、英語話者などではラ行とダ行の区別が、韓国語話者などではナ行とダ行の区別が問題になることがあります。これらの音を、整理して練習しましょう。

　ラ行、ダ行、ナ行の子音は、どれも舌先と歯茎で作る有声音で、とても似ている音です。そのため、この3つの音の間でまちがいが起こる場合があります。人によって、ラ行とダ行がナ行になってしまったり、ダ行がラ行になってしまったり、ナ行がダ行になってしまったりと、いろいろなパターンがあり、これはその人の母語や方言によって影響されていると考えられます。
　まずは、それぞれの音の違いを整理しましょう。

	ナ行の子音	ダ行の子音	ラ行の子音
発音記号	[n]	[d]	[r]
音の名前	歯茎鼻音	有声歯茎破裂音	歯茎はじき音
使う舌の場所	舌先〜舌のふち全体	舌先〜舌のふち全体	舌のいちばん先
舌が触れる場所	歯の裏〜歯茎	歯の裏〜歯茎	歯茎の後ろのほう
鼻に息を抜くか	鼻に息を抜く	鼻に息を抜かない	鼻に息を抜かない
舌と歯茎の触れ方	しっかりつく	しっかりつく	短い時間だけ触れる
口の空気の通り道	いったん完全にふさぐ	いったん完全にふさぐ	すき間が空いている
舌の離し方	ゆっくり開く	吐く息の勢いで開く	舌を速く動かしてはじく
声の出し方	声を出す（有声）	声を出す（有声）	声を出す（有声）

a. ダ行やラ行がナ行のようになってしまう場合

　ナ行がほかの子音と違う点は、鼻に息を抜くということです。そのため、もしダ行やラ行がナ行のようになってしまうときは、鼻に息が抜けないように練習します。
　1. 鼻をつまむ。
　2. 鼻をつまんだまま、「ダダダ」「ラララ」と言う。
　もし鼻に息が抜けているときは、空気がきて鼻が少しふくらむ感覚が指に伝わります。鼻に息がこないように練習した後、指を離して言ってみましょう。

b. ナ行がダ行になってしまう場合

舌を歯茎から離すとき、鼻から息が抜けていない音が入ると、ナ行がダ行のように聞こえることがあります。韓国語話者などにときどき見られます。この場合、鼻に息を抜いたまま、ゆっくりと舌を動かす練習をしましょう。

　1. はじめに舌先を歯の裏～歯茎につけたまま、「ンー」と鼻から息を出す。

　2.「ンー」と言いながら、舌先をゆっくりと歯茎から離して「ナ」と言う。

　マ行がバ行のように聞こえる場合も、同じような方法で練習することができます。

c. ナ行がラ行になってしまう場合

　ナ行とラ行のいちばん大きな違いは鼻から息が出ているかどうかですが、ナ行がラ行のように聞こえてしまうときは、息はナ行としてきちんと鼻に抜けているにもかかわらず、舌がしっかりと歯茎についていないために、ラ行のように聞こえてしまうという場合が多いようです。そのため、舌先をしっかり歯茎につけて、口の空気の通り道をいったん完全にふさぐようにする必要があります。練習方法としては、ナ行の子音 [n] の部分を少し長めに発音して、口の空気の通り道をふさいでいる感覚を身につける方法があります。

　(「はな」が「はら」になるとき)

　1. はじめに「ハンーナ」[han:a] と [n] をのばして発音する。

　2.「ンー」のときに、舌先が口の空気の通り道をふさいでいる感覚を意識する。

　3. [n] の部分をだんだん短くしていって、「はな」にしていく。

d. ダ行がラ行になってしまう場合

　ダ行がラ行に聞こえてしまうときも、舌先が空気の通り道を完全にふさいでいないことが原因ですので、[d] のときに舌が空気の通り道をふさいでいる感覚を身につけることが必要です。ゆっくりと [d] を発音することで、その感覚を覚えましょう。

　(「こども」が「ころも」になるとき)

　1.「こっ [kot]」のように、舌先で口の空気の通り道をふさぐ感覚を確かめる。

　2.「こっ・ど・も」のように、ゆっくりと発音する。

　3. だんだん速くしていき、「こども」にする。

e. ラ行がダ行になってしまう場合

　この場合は、舌先を速く動かして、できるだけ短い音を作ることが必要です。《練習13》で紹介した「ラララ…」と速く言う練習をしてみてください。

ラ行

(13) ワの子音

	ワの子音
発音記号	[w]
音の名前	有声両唇軟口蓋接近音
口の中の図	

　ワの子音は、母音「ウ」[ɯ] の口の形から、[a] の口の形に開くことによって作る音です。ヤ行の子音と同じ接近音で、半母音と呼ぶこともあります。[ɯ] の母音を発音するときは、唇と唇、舌の奥と軟口蓋の 2 カ所が狭くなっていることから、[w] の調音点は「両唇・軟口蓋」であると考えます。

　ただし、英語の w の音など、発音記号 [w] で表す音は、一般的には唇のまるめがある音です。これに対し、日本語の [w] の音は、唇と唇が上下方向に近づきますが、唇のまるめはありませんので気をつけましょう（この「唇のまるめがない」ということを重視して、日本語のワ行の子音を [w] ではなく [ɰ] という記号で表すこともあります）。

ワ　　[wa]

やってみましょう

《練習 15》
日本語のワを英語の w のように唇をまるめて発音すると、日本人にとっては「日本語らしくない」発音に聞こえます。また、ドイツ、ロシア、東欧などの言語の話者では、ワの子音が唇と歯で作る摩擦音の [v] になってしまうことがあり、この場合、日本人にとってはバ行のように聞こえます（「若者」が「ばかもの」に聞こえてしまいます）。唇を上下に近づけるけれど、唇をまるめないで作る、日本語の [w] の音を練習しましょう。

唇がまるめられているときは、唇の端と端が、横方向に近づき、唇が少し前に突き出される形になります。唇をまるめないように発音するには、母音ウ [ɯ] の練習のときと同じように、次のように練習してみましょう。

1. はじめに、口を閉じて、口の力を抜く。
2. 唇の端に、人さし指を当てる。
3. 唇に力を入れないように気をつけながら、口を少しだけ開く。
4. 指が横の方向に動かないように気をつけながら、母音 [a] をつけて「ワ」と発音する。
5. 指が横の方向に動かないように気をつけながら、何回か「ワワワワ…」と発音する。

　[v] になってしまう人の場合は、日本語のワでは歯を使わず、唇と唇を近づけて作る音だということを、上の練習で意識するようにしましょう。

《練習16》
音の違いに注意して聞きましょう。

　　○唇をまるめない日本語のワ [wa] 🔊 　－　 ×唇をまるめた [wa] 🔊
　　○日本語のワ [wa] 🔊 　－　 ×[va] 🔊

　なお、「を」は、文字としてはワ行に入っていますが、発音では、ワ行の子音 [w] はつけないで、[wo] ではなく [o] と発音されます。つまり、「を」の発音は、ア行の「お」とまったく同じです。

　しかし、日本語の授業で助詞を教えるときなど、「"お"ではなく"を"」という意味を強調するために、「を」を [wo] と発音する教師もときどきいるようです。一般的な東京の発音では、「を」を [wo] と発音することはありませんから、もし授業などで教師が「を」を [wo] と発音したら、学生は、「"お"は [o] で、"を"は [wo] と発音する」のようにまちがって覚えてしまう可能性がありますので、注意が必要です。「を」は「お」と同じ発音、と教えればよいでしょう。

ワ

(14) 外来語の子音

考えましょう

【質問 14】 →〈解答・解説編へ〉

外来語を表すときには、次の表にあるような書き方も使います。これらの音は、どのように発音されるでしょうか。日本人に読んでもらったりして考えてください。

第1表

		シェ		
		チェ		
ツァ		ツェ	ツォ	
	ティ			
ファ	フィ	フェ	フォ	
		ジェ		
	ディ			
		デュ		

第2表

			イェ		
	ウィ		ウェ	ウォ	
クァ	クィ		クェ	クォ	
	ツィ				
		トゥ			
グァ					
		ドゥ			
ヴァ	ヴィ	ヴ	ヴェ	ヴォ	
		テュ			
		フュ			
		ヴュ			

「外来語の表記」（内閣告示 1991）
第1表：一般的に用いる仮名　第2表：原音や原つづりになるべく近く書き表そうとする場合に用いる仮名

　外来語の発音は、日本語に入ってきた時代や、日本語のことばとしてどのぐらい一般的になっているかなどによっても変わります。また、発音する人がどのぐらいもとの音を重視するかや、そのことばがどの分野で使われているかなどによっても違います。しかし、上の表にあるような表記で書かれていた場合、一般的な日本人の発音は、だいたい次のような発音になると言えるでしょう。

(第1表のもの) 🔊

　シェ　チェ　ジェ [ɕe tɕe dʑe]

　ツァ　ツェ　ツォ [tsa tse tso]

　ティ　ディ　デュ [ti di dʲɯ]

　ファ　フィ　フェ　フォ [ɸa ɸʲi ɸe ɸo]

(第2表のもの) 🔊

(1) ツィ　トゥ　ドゥ　テュ　フュ [tsi tɯ dɯ tʲɯ ɸʲɯ]

(2) イェ　ウィ　ウェ　ウォ [je wi we wo] または [ie ɯi ɯe ɯo]

(3) クァ　クィ　クェ　クォ　グァ [kɯa kɯi kɯe kɯo gɯa]

(4) ヴァ　ヴィ　ヴ　ヴェ　ヴォ　ヴュ [ba bʲi bɯ be bo bʲɯ]（普通はバ行と同じ）

以上のように、日本語の外来語の音は、日本語にある音の組み合わせで発音されますので、もとの音とはだいぶ変わることがあります。特に英語話者などの場合、英語からきた外来語をすべてもとの英語の発音で発音してしまい、日本語としては非常に伝わりにくい発音になってしまうことがあります。「外来語」は英語の発音そのままではなく、日本語の子音と母音を組み合わせて発音されるということに注意させる必要があるでしょう。

【質問 15】　　　　　　　　　　　　　　→〈解答・解説編へ〉
次のような意見について、どのように考えますか？

自己紹介するときに、「Australia の Melbourne から来た Chris です」と言っても、日本人にはなかなか理解してもらえません。「オーストラリアのメルボルンから来たクリスです」と日本語のように発音すればいい、と聞きましたが、「メルボルン」とか「クリス」とか、本当の英語の発音と全然違うので、私の町や私の名前ではないみたいで、ちょっといやです。

2-4. 音素と異音

　これまで、行ごとに日本語の子音を見てきました。同じ行の中でも、それぞれの行には違った種類の子音があることがわかりました。たとえば、同じ「ハ行の子音」といっても、[h]、[ç]、[ɸ] という3種類の子音がありました。それでは、これらの違う種類の子音が、同じ「〜行の子音」としてまとめられているのはなぜなのでしょうか？

　日本人の頭の中には、それぞれの行について、「〜行の子音」という抽象的な1つの音があり、それに母音をつけて発音したときに、実際の子音の発音がそれぞれ違う音になる、と考えられます。たとえばハ行については、日本人の頭の中には「ハ行の子音」という1つの音があり、その音に「ア」「イ」「ウ」の母音をつけて発音されたとき、実際の発音は [h]、[ç]、[ɸ] として実現されると考えます。

　このように、ある言語の母語話者が「同じ1つの音」と考えている音の単位を**音素**と言います。実際の発音は [ ] で表しましたが、音素は / / で表します。

　たとえばハ行の子音は、/h/ という音素だと考えられますが、/i/ や /j/（ヤ行の子音）が後に続くと [ç] の音で発音され、/u/ が後にくると [ɸ] の音で発音されると考えます。[h]、[ç]、[ɸ] のように、1つの音素が実際はいくつかの違う種類の音で発音されるとき、それらの音を**異音**と言います。特に [h]、[ç]、[ɸ] のように、まわりにどんな音がくるか（これを音の「環境」と言います）によって、どの音になるかが決まっている場合、それらの音を**条件異音**と言い、これらの音は同じ環境に現れることがありませんので、「**相補分布**している」と言います。逆に、同じ環境のときでも、人によって、言い方によって、違う種類の音で発音されるとき、それらの音を**自由異音**と呼びます。たとえばバ行の子音 /b/ は普段は破裂音の [b] で発音されますが、語中にきたときに速く発音されたりすると、唇を完全に閉じないで、摩擦音（音声記号では [β]）で発音されることがあります。このとき、[b] と [β] は /b/ の自由異音と言えます。

　　あぶない　　[abɯnai] 🔊　　〜　　[aβɯnai] 🔊

整理しましょう。

この章で見てきた日本語の母音と子音について、音素と音声の関係を記号でまとめると、次のようになります(*4)。

アイウエオ
/a i u e o/
[a ɯ e o]

カキクケコキャキュキョ
/ka ki ku ke ko kja kju kjo/
[ka kʲi kɯ ke ko kʲa kʲɯ kʲo]

ガギグゲゴギャギュギョ
/ga gi gu ge go gja gju gjo/
[ga gʲi gɯ ge go gʲa gʲɯ gʲo]

サシスセソシャシュショ
/sa si su se so sja sju sjo/
[sa ɕi sɯ se so ɕa ɕɯ ɕo]

ザジズゼゾジャジュジョ
/za zi zu ze zo zja zju zjo/
[dza dʑi dzɯ dze dzo dʑa dʑɯ dʑo]

タチツテトチャチュチョ
/ta ti tu te to tja tju tjo/
[ta tɕi tsɯ te to tɕa tɕɯ tɕo]

ダヂヅデドヂャヂュヂョ
/da zi zu de do zja zju zjo/
[da dʑi dzɯ de do dʑa dʑɯ dʑo]

ナニヌネノニャニュニョ
/na ni nu ne no nja nju njo/
[na ɲi nɯ ne no ɲa ɲɯ ɲo]

ハヒフヘホヒャヒュヒョ
/ha hi hu he ho hja hju hjo/
[ha çi ɸɯ he ho ça çɯ ço]

バビブベボビャビュビョ
/ba bi bu be bo bja bju bjo/
[ba bʲi bɯ be bo bʲa bʲɯ bʲo]

パピプペポピャピュピョ
/pa pi pu pe po pja pju pjo/
[pa pʲi pɯ pe po pʲa pʲɯ pʲo]

マミムメモミャミュミョ
/ma mi mu me mo mja mju mjo/
[ma mʲi mɯ me mo mʲa mʲɯ mʲo]

ヤユヨ
/ja ju jo/
[ja jɯ jo]

ラリルレロリャリュリョ
/ra ri ru re ro rja rju rjo/
[ɾa ɾʲi ɾɯ ɾe ɾo ɾʲa ɾʲɯ ɾʲo]

ワ
/wa/
[wa]

考えましょう

【質問16】　　　　　　　　　　　　　　　　　　　　→〈解答・解説編へ〉
これまでの母音や子音の説明の中で、違う音で発音しても、ことばの「意味は変わらない」場合というのがいくつかありました。違う発音をしたとき、意味が変わってしまうものと、あまり影響がないものとがあるのは、なぜでしょうか？「音素と異音」のことを頭に入れて、考えましょう。

「音素」というのは、ある言語で「同じ1つの音」と考えられる音の単位でした。別の言い方をすると、もし音素が違ったら、その言語では「違う音」としてとらえられるので、意味を区別することになります。たとえば「赤」[aka]と「朝」[asa]は、[k]と[s]の部分の違いで意味を区別しています。このことから、/k/と/s/は日本語では別々の音素だということがわかります（このように、1カ所だけの音の違いだけで意味を区別する単語の組を、**ミニマルペア**と言います）。

外国人の発音で、日本語の音とは違う音で発音したとき、それが別の音素に聞こえてしまうものだと、日本人には違う別の音として聞こえるということですので、意味が変わってしまったり、意味がわからなくなってしまったりすることがあります。逆に、違う音で発音しても、同じ音素に聞こえるなら、意味を区別する働きはないので、意味を伝えるうえではそれほど大きな影響はないと言えます。

音声の誤りがコミュニケーションにどのぐらい影響を与えるかは、第1章でも見たように、コミュニケーションの場面によっても変わりますし、同じ音の誤りでも、文脈や速さなどによって、わかりにくさはいろいろ変わります。しかし、上に見たように、「違う音素として聞こえてしまう誤り」、つまり「日本人にとって、別の音に聞こえてしまう誤り」のほうが、意味を伝えるうえで問題を起こしやすいと言えるでしょう。母音や子音を練習するときは、このような種類の誤りを優先的に練習したり、学習者の目的によってはこのような誤りだけを直す、という考え方もできるかもしれません。

2-5. 有声音と無声音

これまで、子音の説明のところで、「有声音（声を出す）」「無声音（声を出さない）」ということばを使って説明してきました。この「有声音／無声音」について、ここで少しくわしく見ていきましょう。

やってみましょう

《練習17》

のどに手を当てて、「アー」と言ってみましょう。それから、声を出さないで、息だけ「ハー」と出してみましょう。手に伝わるのどの状態は、違いがありましたか？　次に、耳を指でふさいで、同じように比べてみましょう。どのような違いがありましたか？

「声」というのは、のどの中にある「**声帯**」という器官で作られます。声帯を閉じた状態で空気がその間を通ると、声帯がふるえて音が出ます。その音が声です。のどに手を当てて「アー」と言うと、声帯がふるえている振動が感じられると思います。また、耳をふさいで声を出すと、耳に声がひびくのがわかるでしょう。息だけを「ハー」と吐いたときは、のどのふるえも感じられないし、耳にひびくこともありません。

では、同じことを、こんどは子音＋母音でやってみましょう。のどに手を当てたり、耳をふさいだりしながら、次の音を発音してみましょう。声は出ているでしょうか？

・「ワワワワ…」[wa wa wa wa…] 　　・「ササササ…」[sa sa sa sa…]

「ワ」のときは、母音をのばして発音したときと同じように、のどがずっとふるえているのが感じられたり、ふさいだ耳にずっと声がひびいているのが聞こえたりしたと思います。つまり、母音のときも、子音のときも、声がずっと出ているままになっているということです。このことから、[w]は、声を出したまま発音する**有声音**だということがわかります。

これに対して「サ」の場合は、のどのふるえがとぎれとぎれになっていたと思います。このことから、母音を発音しているときはのどがふるえているけれど、子音を発音しているときは、のどのふるえが止まっていることがわかるでしょう。つまり、子音[s]は、その子音を発音しているときには声を出さないで作る、**無声音**だということがわかります。

47

このことを、図に表すと、次のようになります（太線はのどのふるえを表す）。

```
| w | a | w | a |        | s | a | s | a |
```

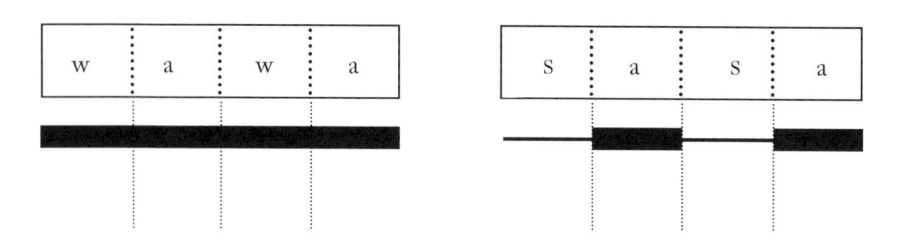

　日本語では、子音を作るとき、声が出ているか、声が出ていないかがとても大切です。日本語では、声を出しながら作る子音（有声音）と、声を出さないで作る子音（無声音）とを区別しているからです。

考えましょう

【質問17】

日本語を学ぶ中国や韓国の人の中には、日本語の有声音と無声音の区別、特に破裂音のタ／ダ行、カ／ガ行、パ／バ行の区別が難しいという人がいます。たとえば「だいがく」と言おうとして「たいがく」や「たいかく」になってしまったり、「たいかい」と言おうとして「たいがい」になってしまうなどです。これはなぜなのでしょうか。下の例で、下線の部分の音に注意して聞きながら、考えてみましょう。

（日）🔊	<u>た</u>ま	う<u>た</u>	<u>だ</u>れ	ま<u>だ</u>
（中）🔊	他人 (<u>ta</u> ren)	其他 (qi <u>ta</u>)	搭乗 (<u>da</u> cheng)	白搭 (bai <u>da</u>)
（韓）🔊	타조 (<u>ta</u>jo)	기타 (gi<u>ta</u>)	다리 (<u>da</u>ri)	하다 (ha<u>da</u>)

　これは、日本語とこれらの言語では、破裂音を区別する基準が違うからです。日本語では、音を作るときに、声が出ているか出ていないかという基準で音を区別していました。これに対して中国語や韓国語では、音が作られた後に、「息がつくかつかないか」という基準で音を区別しています。息がつく音を**有気**音と言い、音声記号では肩に [ʰ] をつけて表します。これに対して、息がつかない音は**無気**音と呼びます。日本語では、有声音 [b/d/g] と無声音 [p/t/k] を区別していますが、無声無気音 [p/t/k] と無声有気音 [pʰ/tʰ/kʰ] は意味を区別していません。これに対して、中国語や韓国語では、無声無気音 [p/t/k] と無声有気音 [pʰ/tʰ/kʰ] が意味を区別していて、かわりに有声音 [b/d/g] と無声無気音 [p/t/k] は意味を区別していないのです (*5)。

[da][ta][tʰa] を例にして、これを図で表すと、以下のようになります。

有声音

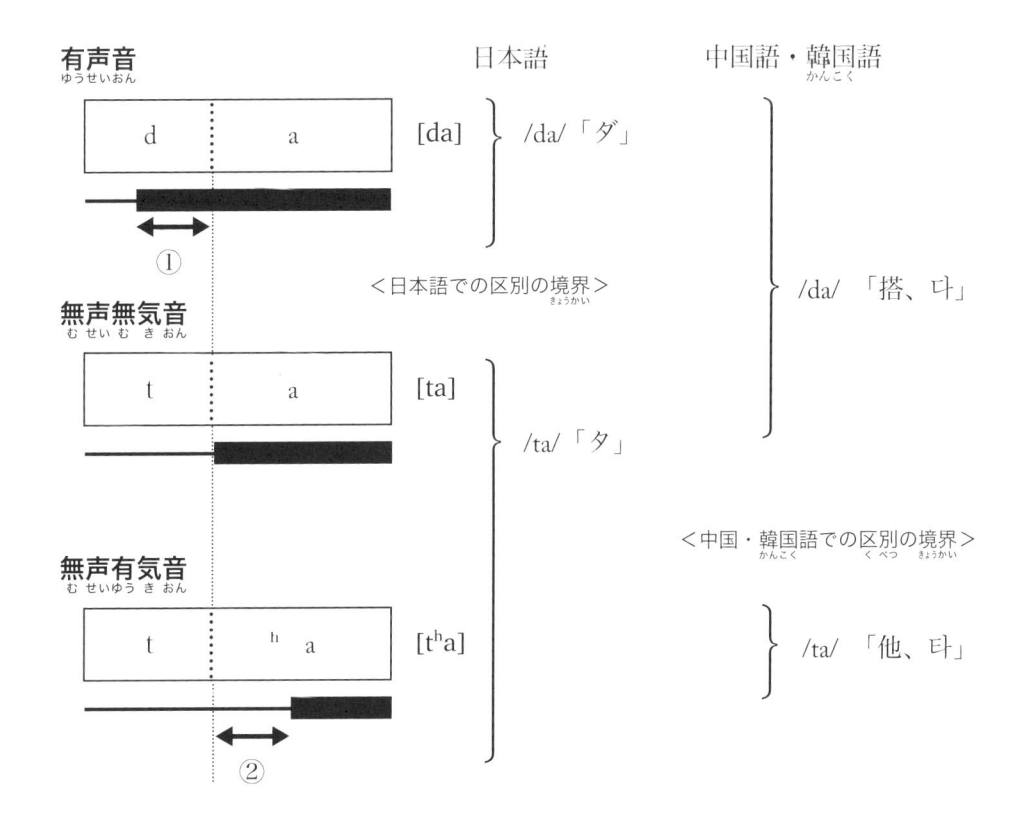

| d | a |

[da]　/da/「ダ」

①

<日本語での区別の境界>

/da/ 「搭、다」

無声無気音

| t | a |

[ta]　/ta/「タ」

<中国・韓国語での区別の境界>

無声有気音

| t | ʰ | a |

[tʰa]　/ta/ 「他、타」

②

　有声音の [da] では、破裂音の音が作られる前の、舌が歯茎についているときからもう声が出ています（①の部分）。無声無気音の [ta] では、破裂音が作られるのとだいたい同時に声も出はじめます。無声有気音の [tʰa] では、破裂音の音が作られた後もしばらく声が出ないで息だけが出て、少し遅れて声が出はじめます（②の部分）。

　日本語では、「声が出ているか、出ていないか」で区別していますので、意味を区別する境界は、[da] と [ta] の間にあります。これに対して、「息がつくかつかないか」を区別している中国語や韓国語では、意味を区別する境界は [ta] と [tʰa] の間にあります。そのため、日本語の有声・無声の区別のかわりに、中国語や韓国語の有気・無気の区別を使ってしまうと、日本人にとっては有声・無声の区別がついていないように聞こえてしまうことがあるのです。

　なお、この②の部分の、破裂音の音が作られてから声が出るまでの時間のことを、**VOT**（ブイ・オー・ティー：Voice Onset Time）と言います。有声音のときには、破裂音が作られる前から声が出ていますので（①の部分）、VOT はマイナスの値になります。VOT がプラスになれば無声音になり、この値が大きくなるほど、強い

息がついた有気音に聞こえるようになります。このVOTのどこの値に意味を区別する境界があるかが、言語によって違うのです。

ふり返りましょう

【質問18】 →〈解答・解説編へ〉
自分の学習者の母語（または自分の母語）では、有声・無声、または有気・無気は、どのように区別されていますか？　またそのためにどのような問題が起こる可能性がありますか？

やってみましょう

《練習18》
音の違いに注意して聞きましょう。

大学（だいがく）🔊　―退学（たいがく）🔊　―体格（たいかく）🔊
金貨（きんか）🔊　―銀貨（ぎんか）🔊　―銀河（ぎんが）🔊
永田さん（ながたさん）🔊　―中田さん（なかださん）🔊　―中多さん（なかたさん）🔊

《練習19》
それでは、日本語の有声と無声の破裂音を区別して発音する練習をしましょう。

a. 語中の無声音が有声音になってしまう場合 🎥

「わたし」が「わだし」のようになるなど、ことばの中（語中）にある無声音が、有声音で発音されてしまう場合に、無声音で発音する練習をしましょう。このような場合、学習者がすでに持っている無声有気音から練習する方法が一般的です。

1. はじめに [watʰaɕi] のように、無声音を有気音で発音させる。
2. [tʰa] の息を少しずつ弱くしていき、自然な [wataɕi] になったらその感覚を確認する。

日本語の無声音を無声有気音で発音しても、意味は変わりませんから、もし語中で無声音が有声音になってしまう場合は、かわりにいつも無声有気音で発音させるという方法もあります。つまり、「わたし」[wataɕi] が「わだし」[wadaɕi] になるぐらいなら、[watʰaɕi] と発音させたほうが「わたし」に聞こえる、というものです。

ただし、語中の無声音を有気音で発音すると、日本語としてはやや不自然で、少し強い感じの言い方に聞こえることもありますから、その点は注意が必要でしょう。

また、語中の無声音が有声音になってしまう場合は、後に説明する「母音の無声化」に注意するとうまくいく場合もあります。たとえば「人（ひと）」が「ひど」のようになってしまう場合は、[t] が [d] で発音されていることに加えて、その前の「ひ」の母音 [i] が無声化されていないことも原因です。この場合、「ひ」の母音を無声化して発音すれば、「と」の子音も無声音で発音できるようになる場合もあります。

b．語頭の有声音が無声音になってしまう場合

「バス」が「パス」になったり、「でんき」が「てんき」になったり、「がっこう」が「かっこう」になったりするなど、ことばの最初（語頭）の有声音が、無声音になってしまう場合に、これを有声音で発音する練習をしましょう。a で練習した逆の場合に比べると、こちらの場合のほうが、少し難しいかもしれません。いくつかの方法を紹介します。

まず、口を閉じたまま声が出ているということを確かめる練習をしましょう。
1. はじめに [p] の口の形のように、両唇を閉じる。
2. 口を閉じたまま、声を出す。
3. すぐに空気が通れなくなって声が出せなくなるが、そのときの「口を閉じたまま声が出ている」という感覚を意識しながらくり返す。
4. 声が出ている感覚をつかんだら、そのすぐ後に母音を続けて [ba] を言う。
5. 同じ方法で、[d]、[g] でもやってみる。

別の方法として、「ん」や母音を前につけて発音する練習もあります。
1. ことばのはじめに「ん」をつけ、「ンバス」「んでんき」のように発音する。
2. 「ん」の部分を少しずつ短くしていき、「バス」「でんき」になるようにする。

もう 1 つ、こんどは摩擦音から有声破裂音を作る練習です。
1. 唇と唇を近づけ、有声両唇摩擦音の [β] を出す（「フ」の子音 [ɸ] を言いながら、声を出して有声にして [β] を作ってもよい）。
2. 後ろに母音をつけ、[βa] を言う。これを何回かくり返し、感覚をつかむ。
3. 力を入れないで唇と唇を軽くつけた状態から、[βa] を言うようにして、[ba] を言う。

またガ行の場合は、前に勉強した「鼻濁音」の [ŋ] で発音することもありますから、ガ行の子音をいつもこの音で代用する方法もあります。鼻濁音を語頭で使った場合、日本語としては少し不自然に聞こえますが、少なくとも無声音などほかの音とまちがって聞かれることは少なくなります。たとえば、「外国」[gaikokɯ] が [kaikokɯ] になると「かいこく」に聞こえてしまいますが、鼻音 [ŋaikokɯ] で発音すれば、不自然かもしれないけれど、少なくとも日本人の耳には「外国」に聞こえる、という考えです。いろいろな方法のうちの1つとして、覚えておいてもよいかもしれません。

2-6. 母音の無声化

考えましょう

【質問 19】

次の音を、下線の部分に気をつけて聞いてください。下線の部分の音はそれぞれどのように違いましたか？

- 1a. くに（国）
- 1b. くち（口）
- 2a. すぎ（杉）
- 2b. すき（好き）
- 3a. ふだ（札）
- 3b. ふた（蓋）
- 4a. えきまで（駅まで）
- 4b. えきから（駅から）

違いがわかったでしょうか？　下線の部分は、aでは声を出して発音されていたのに対して、bでは子音と息の音が聞こえただけで、声は聞こえなかったと思います。つまり、母音の部分でのどをふるわせないで、無声音で発音していたのです。

母音というのは、普通は声を出して発音する音です。しかし、上のbにあるようなことばでは、日本語では母音を声を出さないで発音する場合があります。このように、本来は有声の母音が、声を出さない無声音として発音されることを、母音の**無声化**と言います。

考えましょう

【質問 20】

日本語では、どのようなときに母音の無声化が起こるのでしょうか？　上で見たことばや、次のリストの___の部分を見て、無声化はどんなときに起こるか、母音や前後の子音の種類に注目して考えてみてください。

| く̲さ（草）　あ̲き̲た（秋田）　し̲かく（資格）　ふ̲かい（深い）　む̲す̲こ（息子）　ひ̲と（人）
つ̲き（月）　し̲さん（資産）　ち̲ほう（地方）　いっぴ̲き（1匹）　ふ̲しぎ（不思議）　ひ̲はん（批判）
し̲ゅ̲くだい（宿題）　プ̲サン（釜山）　ラピュ̲タ |

まず、どの母音が無声化するのか、見てみましょう。上のリストで無声化しているのは、ク、キ、ス、シ、シュなど、イの段とウの段の音です。つまり、無声化する母音は /i/ と /u/ であるということがわかります。

次に、無声化している音は、カ行、サ行、タ行、ハ行、パ行の音です。また無声化する音の次の音を見ても、これらカ行、サ行、タ行、ハ行、パ行であることがわかります。

では、無声化に関係するカ行、サ行、タ行、ハ行、パ行に共通する特徴は何でしょうか？　これらの行の子音、/k,s,t,h,p/ を見ると、それがすべて無声子音であるということがわかると思います。まとめると、日本語で無声化することがある母音は /i/ か /u/ で、これが無声子音 /k,s,t,h,p/ に挟まれたとき、母音の無声化が起こるということになります。

無声子音は声を出さないで発音される音でした。前後にこのような声を出さない音がきたとき、母音 /i/ と /u/ も、声を出さないままで発音されるのです。これを図に表すと、次のようになります。

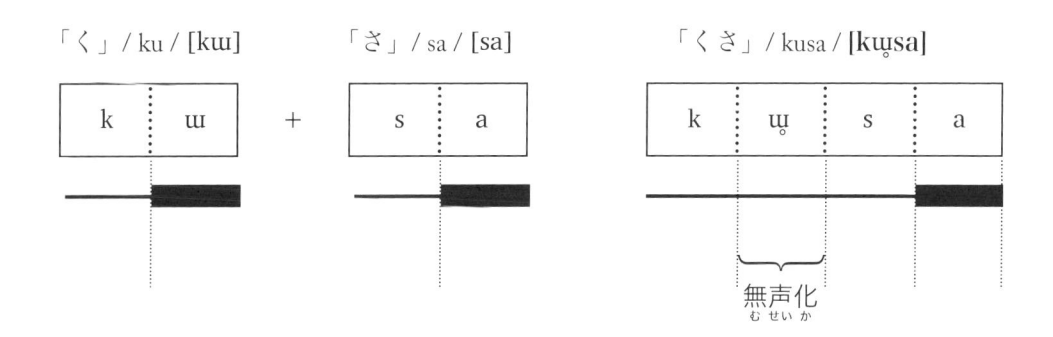

「く」/ ku / [kɯ]　　　「さ」/ sa / [sa]　　　「くさ」/ kusa / [kɯ̥sa]

| k | ɯ | + | s | a | | k | ɯ̥ | s | a |

無声化

なお、音声記号では無声化した母音は [̥] のように、小さな○をつけて表します。

整理しましょう

日本語の母音の無声化について、まとめましょう。

以上のことから、日本語の母音の無声化の規則は、次のようにまとめられます。

> **《母音の無声化の規則》**
> 母音 /i/ と /u/ は、無声子音に挟まれたとき、声を出さないで無声化して発音される。

ただし、学習者に「無声子音」などと言ってもわからない場合もあるでしょう。その場合は、同じことを次のように言いかえることもできます。

> **《母音の無声化の規則（別の説明1）》**
> 母音 /i/ と /u/ は、子音 /k,s,t,h,p/ の間に挟まれたとき、声を出さないで無声化して発音される。
>
> **《母音の無声化の規則（別の説明2）》**
> キ、ク、シ、ス、チ、ツ、ヒ、フ、ピ、プ、キュ、シュ、チュ、ヒュ、ピュは、後ろにカ行、サ行、タ行、ハ行、パ行がきたとき、声を出さないで無声化して発音される。

説明のしかたはいろいろとあると思いますので、学習者に合った説明のしかたを考えるといいでしょう。

無声化母音を無声化しないで発音しても、意味がまちがって伝わることはあまりありません。また無声化は地方によっては起こらない方言もありますので（関西の方言など）、日本人でも出身地によっては無声化なしで発音する人もいます。しかし、母音の無声化を使って話せば、より自然できれいな発音に聞こえます。

また外国人の場合は、母音の無声化は、前に見たように子音の有声無声の区別にも関係してきますし、また拍の長さやアクセントの問題（第3～4章を見てください）にも影響します。たとえば「すきです」のはじめの「す」は無声化母音ですが、これを無声化しないだけでなく、高く、長く「すーきです」のように発音する人がいますが、この場合、まるで外国語のような、日本語らしくない不自然な発音に聞こえます。この「す」を無声化して発音すれば、拍やアクセントの問題も気にならなくなり、きれいな発音に聞こえます。

やってみましょう

《練習20》
無声化している発音と、無声化していない発音を注意して聞きましょう。

○くち（無声化した発音）　—　×くち（無声化していない発音）
○すき（無声化した発音）　—　×すき（無声化していない発音）
○ふた（無声化した発音）　—　×ふた（無声化していない発音）

《練習21》
自分の持っている日本語のCDや音声ファイルをいくつか聞いてみてください。文の終わりの「〜です」「〜ます」の「す」は、どのように発音されていますか？

　文の終わりの「〜です」「〜ます」の「す」は、日本語のCDや音声ファイルの発音では、母音 /u/ が無声化して [desu̥][masu̥] となっているか、または母音がなくなってしまって [des][mas] のように発音されていたと思います。文の終わりの「です」「ます」の「す」も、自然な会話では、ほとんどの場合は無声化母音として発音されます。
　文末の「です」「ます」は、必ず無声化して発音しなければならないわけではありません。たとえば、特別なイントネーションで発音されたり、またとてもていねいに発音したりするときには、「す」の母音は無声化しないで発音されることもあります。
　しかし、実際は無声化されて発音されることがほとんどなので、耳のいい学習者は、日本語の「です」「ます」は「desu, masu」なのか「des, mas」なのかという疑問を持つことがあります。また「す」を無声化しないで発音すると、「〜ですぅ」「〜まっすぅ」のように文末が不自然な発音になってしまったり、さらにそこに不自然なイントネーションがかかったりしてしまうことがよくあります。そのため、自然な日本語を発音させるためには「日本人の頭の中では desu, masu だけれど、実際の発音は des, mas になる」のように単純に教えるほうが、自然な発音をさせるうえでは効果が高いと考えられます。
　また、「です」「ます」だけでなく、文末で母音 /i/ と /u/ が無声子音の後にきたときも、無声化して発音されることがあります。特に、アクセントの下がり目の後で、低く発音されるときは、無声化して発音されることが多いです。この場合は無

55

声化してもしなくても不自然ではありませんから、どちらで発音させてもかまいません。しかし、無声化したときにも正しく聞き取れるように、無声化する場合があるということは、教えておいてもいいでしょう。

（例）あいさ<u>つ</u>（無声化あり🔊／なし🔊）　かが<u>く</u>（無声化あり🔊／なし🔊）

《練習22》　　　　　　　　　　　　　　　　　→〈解答・解説編へ〉
次の文で、母音の無声化が起こるところに「。」の印をつけてください。

1. くさいものに　ふたを　します。（臭い物に蓋をします。）
2. しろい　ふくを　きた　ひとが　ひとり　います。
　　（白い服を着た人が1人います。）
3. がくせいには　しゅくだいを　たくさん　させる　ひつようが　あります。
　　（学生には宿題をたくさんさせる必要があります。）
4. よしこは　あたらしく　かった　ピカピカの　くつを　はいて　きた。
　　（美子は新しく買ったピカピカの靴を履いて来た。）
5. ちかてつは　つかれるので　タクシーで　いきたいですね。
　　（地下鉄は疲れるのでタクシーで行きたいですね。）

《練習23》
上の1～5の文を、「解答・解説編」にある無声化の印を見ながら聞いてみましょう。その後、文を見ながら自分で発音してみましょう。

1. 🔊　2. 🔊　3. 🔊　4. 🔊　5. 🔊

　母音の無声化は、環境によって起こる音の変化の規則なので、同じことばの母音でもいつも無声化されるわけではないことに注意しましょう。たとえば、「いきたい」の「き」は /i/ が無声音 /k/ と /t/ に囲まれているので、無声化しますが、もし「いきます」になったら、「き」の /i/ のまわりは /k/ と /m/ になり、無声子音に囲まれている環境ではなくなりますので、無声化は起こりません。逆に、「です」の「す」は普通は無声化しますが、後ろに「ね」などの有声音がついたときは、/u/ は無声化しないで発音されます。

　それから、無声子音に挟まれた /i/ や /u/ が続く場合、すべてを無声化して発音すると声が出せなくなってしまいます。このようなときは、1つおきぐらいに無声

化しないで発音することが普通です。どれを無声化し、どれを無声化しないで発音するかは、子音の種類やアクセントなどにも関係しますが、人によっても違います。基本的にはどれを選んでもいいです。

(例) く̠つ̥した（靴下） 🔊　いしきして（意識して） 🔊　ピチピチした 🔊

（ ＿ は規則では無声化するはずの音。。は実際に無声化している音）

《練習24》 🎥
日本語の無声化母音を、声を出さないで発音する練習をしましょう。

はじめに、「くさ（草）」で練習しましょう。
1. はじめに、声を出さないで、ささやき声のように、「く」と言う。
2. 次に、声を出して普通に「さ」と言う。
3. ささやき声の「く」と、普通の「さ」を、交互に言う。
4. 「く」の後に、続けて「さ」を言う。

できたら、次に「すき(好き)」「ふく(服)」などでも同じように練習してみましょう。

別の方法としては、無声化した母音は「なくなった」と考えて発音させる方法もあります。たとえば「くさ」の場合は、「ksa」と思って発音させます。同じように、「すき」は「ski」、「ふく」は「fku」と思って発音させると、日本人にとって自然な無声化母音に聞こえる発音がすぐにできるようになることもあります。

2-7. 長音「ー」、促音「ッ」、撥音「ン」の発音

　これまで、日本語の母音と子音について、1つ1つ見てきました。日本語には、これ以外の音として、**長音**（カタカナで書いたときの「ー」）、**促音**「ッ」、**撥音**「ン」の音があります。ここでは、これらの音について、くわしく見ていきましょう。

　これらの音は、ほかの母音や子音とは違って、実際に決まった音がなく、日本人の頭の中で抽象的に、それぞれ「のばす音」「ッの音」「ンの音」と考えられているものです。そこで、「のばす音」として1つの長音音素 /R/、「ッの音」として1つの促音音素 /Q/、「ンの音」として1つの撥音音素 /N/ という、抽象的な音素を考えます（長音音素には /H/、促音音素には /T/ などの記号を使う人もいます）。これらの3つの音素をまとめて、**特殊音素**、あるいは**特殊拍**と呼ぶこともあります（「拍」ということばについては、次の第3章で説明します）。

(1) 長音「ー」

考えましょう

【質問21】　　　　　　　　　　　　　　　　　　　　→〈解答・解説編へ〉
下の単語の中で、下線の「ー」の部分は、どんな音で発音されているでしょうか？音声を聞いて、考えてください。

マーク🔊　シート🔊　プール🔊　ケーキ🔊　ノート🔊

　上のことばの中で、長音の記号「ー」の部分は、それぞれ違う音で発音されています。「ー」の前の母音がそれぞれ [a,i,ɯ,e,o] ですので、「ー」の部分もこれらの母音をそのままのばした [a,i,ɯ,e,o] の音になっていました。このように、「ー」の長音は、それ自体は決まった音がなく、前の母音を長くするという働きを持った特別な音素と考えられます。日本語では、これは1つの長音音素 /R/ として考えることが普通です。これが発音されたときの音声記号では、母音を長くする記号 [ː] で表します。つまり日本語では、同じ母音がのばされたら長母音になり、のばされなければ短母音になります。
　長音音素は、カタカナで書いたときは同じ記号の「ー」で表しますが、ひらがなのときは、それぞれの行によって、書き方が違います。

/aR/　あ段＋あ：　おかあさん、おばあさん、まあまあ、ざあざあ 🔊
/iR/　い段＋い：　おじいさん、ちいさい、にいがた、しいたけ 🔊
/uR/　う段＋う：　くうき、すうじ、つうがく、ふうふ 🔊
/eR/　え段＋い：　えいが、とけい、せんせい、ていねい 🔊
　　　（例外）え段＋え：　おねえさん、ええ（返事）🔊
/oR/　お段＋う：　おうさま、こうえん、そうじ、もうすぐ 🔊
　　　（例外）お段＋お：　おおきい、とおい、こおり、おおかみ 🔊 など

【質問22】🔊　　　　　　　　　　　　　　　　　→〈解答・解説編へ〉
「『映画』の『えい』はエイ [ei] ですか、エー [eː] ですか？」という質問が、ときどきあります。日本語教材付属の音声を聞いたり、まわりの日本人に発音してもらったりして、確かめてみてください。この質問にはどのように答えればよいでしょうか？

(2) 促音「ッ」

考えましょう

【質問23】 →〈解答・解説編へ〉

次に、促音「ッ」の発音を見てみましょう。下の単語の中で、下線の「っ」の部分は、どんな音で発音されているでしょうか？　音声を聞いて、考えてください。

い<u>っ</u>こ（1個）🔊　い<u>っ</u>ぱい（1杯）🔊　い<u>っ</u>たい（1体）🔊　い<u>っ</u>ちょう（1兆）🔊
い<u>っ</u>つう（1通）🔊　い<u>っ</u>さい（1歳）🔊　い<u>っ</u>しょう（1章）🔊

　下線の「っ」の部分は、長音のときと同じように、実際はいろいろな音で発音されているのがわかったと思います。たとえば「いっこ」の [k] の前なら、「っ」の部分の舌の構えは [k] になっていますし、「いっさい」の [s] の前なら、「っ」の部分も [s] で発音されているというように、次にくる子音と同じ口の構えをしたままのばす音になっています。しかし、日本人の頭の中では、これはすべて1つの同じ「ッの音」だと考えられているので、促音の音素 /Q/ としてまとめます。

　実際の「ッ」/Q/ の部分の発音は、次にくる子音によって違います。
[p][t][k][ts][tɕ] のような破裂音・破擦音は、子音を作るときに、舌や唇によって、空気の通り道がいったんふさがれる音です。こうした音の前に「ッ」がきたときは、空気の通り道をふさいだ口の構えのまま、しばらくそのままのばします。音声記号では、次の子音を [-pp-][-tt-][-kk-] のように重ねて書きますが、破裂が2回あるわけではないことに注意しましょう。つまり、促音「ッ」の部分は、口の構えがあるだけで、実際には音は出ていないのです。
　これに対して、[s][ɕ] のような摩擦音の前にきたときは、「ッ」の部分もその摩擦音として発音されます。摩擦音は空気の通り道をふさがないで、のばして発音できる音ですから、「ッ」のときからもうすでにその摩擦音の音が出ていることになります。そのため、摩擦音の前の「ッ」のときに音を出さないで発音をすると、不自然な発音に聞こえてしまいます。
　なお、「ッ」の後にくる摩擦音は、普通はサ行の子音ですが、外来語や擬声語などでは、ハ行もくることがあります（スタッフ、バッハ、わっはっは、えっへん、など）。

やってみましょう

《練習 25》
摩擦音の前にくる「ッ」の発音を練習しましょう。

まず、「いっさい」で練習しましょう。

1. はじめに、[s] の子音だけをのばして言う。　　[sssss::::::]
2. 次に、[s] の前に母音 [i] をつける。　　[isssss::::::]
   このとき、母音の後にすぐ摩擦音 [s] が続く感覚を意識する。
3. [s] が少し長めのまま、「いっさい」を [issssai] のように発音する。
   このとき、「っ」の部分が [sss] で発音されていることを意識する。
4. 「い」と「さ」の部分で手をたたきながら、「いっさい」[issai] と発音する。

できたら、次に「ざっし（雑誌）」でも同じように練習してみましょう。

長音や促音を発音するときに、どれだけのばせばいいか、また長音や促音があるかないかの区別ができない学習者にどのように教えたらいいかという練習は、次の第3章「拍とリズム」でくわしく行います。

(3) 撥音「ン」
はつおん

考えましょう

【質問24】　　　　　　　　　　　　　　　　　　　　→〈解答・解説編へ〉
かいとう　かいせつへん

最後に、撥音「ン」の発音を見てみましょう。下の単語の中で、同じ「3」という数字の、下線の「ん」部分は、どんな音で発音されているでしょうか？ 音声を聞いて、考えてください。また、どんなときにどんな音になるかには、何か規則があるでしょうか？

さ<u>ん</u>ばい（3杯）🔊　さ<u>ん</u>だい（3台）🔊　さ<u>ん</u>にん（3人）🔊　さ<u>ん</u>こ（3個）🔊
さ<u>ん</u>えん（3円）🔊　さ<u>ん</u>わり（3割）🔊　さ<u>ん</u>さい（3歳）🔊　さ<u>ん</u>ヘルツ（3ヘルツ）🔊
さ<u>ん</u>（3）🔊

「ン」の音も、日本人の頭の中では同じ1つの音だと考えられているので、これは抽象的な音素 /N/ であると考えます。しかし、音を聞いてわかったかもしれませんが、/N/ が実際にどのような音で発音されているかは、後ろにくる音によって違います。

/N/ の発音を簡単に言うと、「後ろにくる音と同じ口の形のまま、鼻に息を抜く」というものです。まず、大きく分けると、「ン」/N/ の後ろに何もこないとき、「ン」/N/ の後ろに口を閉じる音がくるとき、「ン」/N/ の後ろに口を閉じない音がくるときの3つに分けられます。

a.「ン」の後ろに何もこないとき

「ン」がことばのいちばん最後にきて、「ン」の後には何も音がこないとき、口のいちばん奥の場所で、口に流れる空気の道を閉じて、全部の息が鼻のほうにしか行かないようにして音を作ります。この口のいちばん奥の場所は口蓋垂という部分ですから、口蓋垂のところで空気の通り道が閉じているこの音は、口蓋垂鼻音ということになります。発音記号では、[N] で表します（「ン」の音素を表す /N/ は大文字でしたが、口蓋垂鼻音の記号は小文字の大きさの大文字 [ɴ] です）。

発音記号	[ɴ]
音の名前	口蓋垂鼻音
口の中の図	

（例）にほん。[ɲihoɴ]　ごめん。[gomeɴ]　すみません。[sɯmʲimaseɴ]

「ン」が [ɴ] になるのは「後ろに何もこないとき」なので、同じことばでも、後ろに別のことばが続いたときには、「ン」は違う音になります。注意しましょう（例：にほん。[ɲihoɴ]→ にほんも [ɲihommo]）。

ただし、日本人は「ン」を同じ１つの音と考えているので、「にほん」を [ɲihoɴ]、[ɲihon]、[ɲihoŋ] などどんな音で発音しても、日本人には同じように聞こえますので、場合によってはそれほど気にする必要はないかもしれません。

b.「ン」の後ろに口を閉じる音がくるとき

　破裂音、鼻音、破擦音のような、唇や舌で口を閉じて、口の中の空気の通り道をいったんふさいで作る音が「ン」の後ろにくるときは、「ン」はその音と同じ調音点の鼻音として発音されます。具体的には、次のようになります

[m]：後ろに両唇音（パ行の [p]、バ行の [b]、マ行の [m]）がくるとき
　　（例）しんぱい [ɕimpai]　ほんばこ [hombako]　うんめい [ɯmme:]

[n]：後ろに歯茎音（タ行の [t]、ダ行の [d]、ナ行の [n]、ラ行の [ɾ]、ザ行の [ʥ]）がくるとき
　　（例）はんたい [hantai]　おんど [ondo]　そんな [sonna]
　　　　　れんらく [ɾenɾakɯ]　こんざつ [konʣatsɯ]

[ɲ]：後ろに歯茎硬口蓋音（ニ・ニャ行の [ɲ]、チ・チャ行の [tɕ]、ジ・ジャ行の [ʥ]）がくるとき
　　（例）にんにく [ɲiɲɲikɯ]　しんにゅう [ɕiɲɲɯ:]　えんちょう [eɲtɕo:]
　　　　　オレンジ [oɾeɲʥi]

[ŋ]：後ろに軟口蓋音（カ行の [k]、ガ行の [g/ŋ]）がくるとき
　　（例）さんか [saŋka]　おんがく [oŋgakɯ/oŋŋakɯ]

c.「ン」の後ろに口を閉じない音がくるとき

　母音、接近音（半母音）、摩擦音のような、口の中の空気の通り道をふさがないで作る音が後ろにくるときは、「ン」の発音は、口にも鼻にも同時に空気が通る音になります。このように、口と鼻の両方に息が抜ける音を、**鼻母音**と呼んでいます。つまり「ン」は、母音（ア、イ、ウ、エ、オ）、半母音（ヤ行、ワ行）、摩擦音（サ行、ハ行）の前では、鼻母音として発音されます。鼻母音は、音声記号ではもとの母音に [˜] の記号をつけて表します。

発音記号	[i]	[ɯ]	[ĩ]	[ɯ̃]
口の中の図				

前のページの図のように、鼻母音のときは、母音の口のまま鼻に息を抜きますので、口の中のどこにも舌がついていません。もし舌がどこかについてしまうと、鼻音になって違う音に聞こえてしまいますので、注意が必要です。たとえば「千円」と言うつもりで、舌先が歯茎についてしまうと、鼻母音ではなく [n] ですので、「セネン」に聞こえてしまいます。

なお、「ン」が鼻母音として発音されるとき、どの母音が鼻母音になったものかは、あまりはっきりと決まっていません。たとえば「千円」と発音したとき、[e] の口の形の鼻母音で [seẽeɴ] と発音しても、[i] の口の形の鼻母音で [seĩeɴ] と発音しても、どちらでもいいです。同じように、「弾圧」と言うとき、口を開いたまま、[a] の口で [daãatsɯ] と言ってもいいですし、口の開きを狭くして、[ɯ] の口で [daɯ̃atsɯ] のように言ってもいいです。[a] と [ɯ] の中間ぐらいの口の開きになることもあります。

この本では、口をいちばん狭くしたときの音を考えて、前舌母音や硬口蓋音の前に「ン」がきたときは [ĩ] で表し、それ以外のときは [ɯ̃] で表します。

(例) れんあい [reɯ̃ai]　さんおく [saɯ̃okɯ]　ぜんいん [dʑeĩiɴ]　きんえん [kʲiĩeɴ] 🔊
　　 でんわ [deɯ̃wa]　ワンワン [waɯ̃waɴ]　ほんやく [hoĩjakɯ]　しんゆう [ɕiĩjuː] 🔊
　　 おんせい [oɯ̃seː]　せんそう [seɯ̃soː]　あんしん [aĩɕiɴ]　かんしゃ [kaĩɕa] 🔊

大切なのは、記号ではなく、舌を口のどこにもつけないで発音するということです。これが守られていれば、後は口や舌の形がどうなっていても、正しい発音に聞こえますから、あまり心配する必要はないでしょう。

やってみましょう

《練習 26》
「千円」→「セネン」のように、母音や半母音の前の「ン」がナ行のようになってしまう場合、これを鼻母音で発音する練習をしましょう。

はじめに、「千円」を「セネン」ではなく「せんえん」と言う練習をしましょう。
1. まず、「センエン」ではなく「セイエン [seieɴ]」と言ってみる。
2. このとき、「舌が口のどこにもついていない」という感覚を意識しながら、何回かくり返して言う。

3.「セイエン」のときと同じ口の動きのまま、「イ」のときに鼻に息を抜いて、「センエン [seĩeɴ]」にする。

次に、「翻訳」で同じように練習しましょう。
1. まず、「ホンヤク」ではなく「ホイヤク [hoijakɯ]」と言ってみる。
2. このとき、「舌が口のどこにもついていない」という感覚を意識しながら、何回かくり返して言う。
3.「ホイヤク」のときと同じ口の動きのまま、「イ」のときに鼻に息を抜いて、「ホンヤク [hoĩjakɯ]」にする。

　以上のように、鼻母音の「ン」を発音するためには、「舌が口のどこにも触れないで発音する」という感覚を意識することが大切です。そのための練習としては、鼻に息を抜かない母音で置きかえて言ってみて、口の中の感覚を意識してから、これを鼻母音にして言ってみるという練習が役に立つでしょう。ほかにも「恋愛←レウアイ」、「電話←デウワ」、「禁煙←キイエン」「本を読む←ホウオヨム」などのように練習してみましょう。

　もし鼻母音の「ン」が発音できなくても、後ろの音とくっつかなければ、日本人の耳には「ン」に聞こえます。たとえば、「千円」は、「ン」が [n] になって、後ろの [e] とくっついてしまうと「センネン」になってしまいますが、「エ」の前で音を切って、「セン、エン」（発音記号だと [ʔ] という声門閉鎖音の記号を使って [sen ʔeɴ] と書きます）と発音すれば、「セネン」に聞こえることはありません。

　このような発音をすれば、自然さは減ってしまいますが、ほかの音にとられる可能性はなくなりますので、場合によってはこちらの方法の発音を教えてもいいかもしれません。

「千円」
○ [seĩeɴ] 🔊　　「ン」が鼻母音で発音されている。母語話者の発音。
× [seneɴ] 🔊　　「ン」が [n] になり、「セネン」に聞こえてしまう。
△ [sen ʔeɴ] 🔊　「ン」が [n] になっているが、「え」の前に区切りがあるので「千円」に聞こえる。

2-8. ふたつの言語を比べる

考えましょう

【質問25】　　　　　　　　　　　　　　　→〈解答・解説編へ〉

この章ではこれまでに、日本語の母音と子音について、学習者のいろいろな問題や、その練習方法について説明してきました。その中で、「自分の学習者(または自分自身)にとって、この音の発音はたしかに難しい、よく問題になる」という音と、「この音の発音は、自分の学習者(または自分自身)にとって、ほとんど問題にならない」という音があったと思います。

1. みなさんが教えている学習者、または自分自身にとって、日本語の母音、子音の中で、「よく問題になる音、難しい音」と「あまり問題にならない音、簡単な音」というのは、それぞれどの音ですか？　考えてください。
2. 上で考えた音の中で、「よく問題になる音、難しい音」というのは、「あまり問題にならない音、簡単な音」と比べて、なぜ難しいのでしょうか？　理由を考えてください。

　ある音の発音が「難しい」「よく問題になる」ときの原因はいろいろありますが、母音や子音の場合、学習者の母語の音声が、とても大きくかかわっています。
　外国語の発音に、母語の影響が出てしまうために、発音がうまくいかない場合、これを**母語の干渉**と呼びます。学習者の発音の誤りは、すべて母語の干渉で説明できるわけではありませんし、また母語にない音や母語と違う音がどんな学習者でもいつも問題になるというわけではありません。しかし、特に母音や子音の発音の場合、母語の影響がとても大きいのは事実です。学習者の母語の母音や子音の発音と、日本語の母音や子音の発音を比べることによって、学習者にとって問題になりそうな音を予想したり、問題があったときにその原因を考えたりすることは、とても有効です。そのため、日本語だけでなく、学習者の母語の発音についても勉強しておくと、発音を教えるときに役に立つでしょう。
　特に、教師の母語が学習者の母語と同じで、同じ言語の話者として日本語を外国語として身につけてきたのであれば、その言語の話者にとって、どの音が難しいか、どの音が問題になるか、それをどうすれば正しく発音できるかということは、教師と学習者に共通しています。2つの言語を比べて、その知識や経験を音声指導に生

かしていくことは、教師としてとても大切なことだと言えます。

注

*1：現在（2005年版）の IPA（国際音声記号）では、調音点の名前として「後部歯茎」と「歯茎硬口蓋」が採用されています。また「後部歯茎」と「硬口蓋歯茎」、「前部硬口蓋」と「歯茎硬口蓋」を、舌の形などから厳密に区別する立場もあります。

*2：ただし、[ɕ] の記号は [ʃ] と比べて珍しいため、印刷の関係で、日本語の「シ」の子音にも [ʃ] の記号を使う場合もあります。

*3：上と同じ理由から、日本語のジの子音に [dʑ] ではなく [dʒ] の記号を使う場合もあります。

*4：日本語の音素についてはいくつかほかの考え方もあり、音素の数も考え方によって違うことがあります。たとえば日本語の場合、タ行の子音 /t/ とは別に、チ、ツの子音に /c/ という音素を考える人もいます。また、ガ行鼻濁音の /ŋ/ と鼻濁音ではない /g/ とは別の音素だと考える人もいます。

*5：韓国語では有気音（激音）、無気音（平音）のほかに「濃音」という音も区別していますが、VOT の違いによる区別ではないので、ここでは触れません。

3 拍とリズム

3-1. 長い？ 短い？

考えましょう

【質問26】　　　　　　　　　　　　　　　　　　→〈解答・解説編へ〉

次の文は、外国人日本語学習者の作文です。この作文について考えてください。
1. どこがおかしいですか？　誤りを直してください。
2. これらは、どのような誤りでしょうか。その種類によってグループに分けてみてください。

・きょうねん　おさかに　ひこしました。
・一年せから　七年せまで　おしえっています。
・わたしの　しゅうじんは　スポツが好きです。
・ラグビと　サカーに　きょうみを　もています。
・とても　ざねんです。

作文の課題：「あたかも」を使って短い文を作りなさい。
学生の答え：「冷蔵庫に牛乳があたかもしれない。」

ふり返りましょう

【質問27】

みなさんの教えている学習者、またはみなさん自身にとって、上のような誤りはよくありますか？　もしあるときは、ほかにたとえばどんなことばをどのようにまちがえたことがありますか？　これまでの経験をふり返りながら、思い出してみてください。

母語にもよりますが、長い母音と短い母音、「ッ」があるときとないとき、「ン」

があるときとないときを、きちんと区別することは、多くの外国人学習者にとって共通して難しいことと言えます。みなさんの学習者も、発音のときや作文のときに、上のようなまちがいをしてしまうことも多いのではないでしょうか。

考えましょう

【質問28】
日本語で、長い母音と短い母音、「ッ」があるときとないとき、「ン」があるときとないときは、どうしてまちがいやすいのでしょうか？　その理由を考えてみましょう。

第2章で見たように、日本語では、長い母音と短い母音は、その母音の部分の長さで決まります。たとえば、「ラグビー」の「ビ」の部分の母音 [i] が長ければ、正しく「ラグビー」に聞こえますが、もし十分な長さがないと、「ラグビ」になってしまいます。逆に、「きょねん」の「きょ」の部分の短い母音 [o] が長くなってしまうと、「きょうねん」になってしまいます。

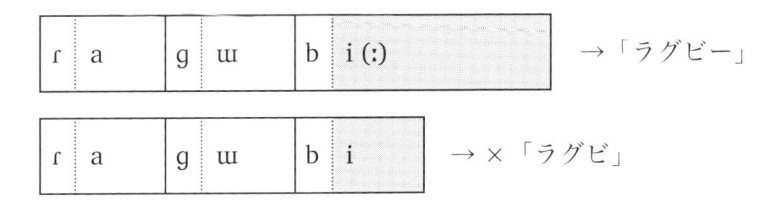

ɾ	a	g	ɯ	b	i (ː)

→「ラグビー」

ɾ	a	g	ɯ	b	i

→ ×「ラグビ」

同じように、「ッ」があるかないかは、「ッ」の部分の子音がどのぐらい長いかで決まります。「ひっこしました」の「っ」の部分の子音 [k] が長く発音されていれば、正しく「ひっこしました」に聞こえますが、もし長さが足りなければ、「ひこしました」になってしまいます。逆に、「おしえています」の「て」の部分の子音 [t] が長くなってしまうと、「おしえています」が「おしえっています」になってしまいます。

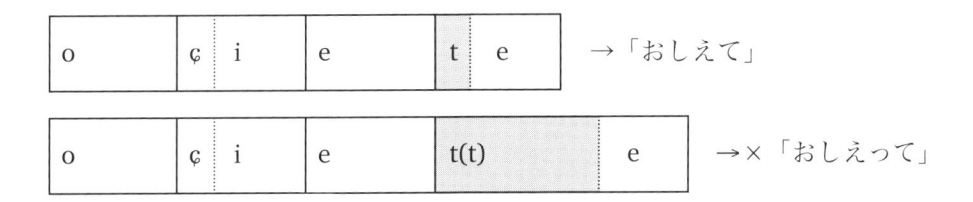

o	ɕ	i	e	t	e

→「おしえて」

o	ɕ	i	e	t(t)	e

→ ×「おしえって」

「ン」があるかないかは、「ン」の後にマ行かナ行がくるときに問題になります。子音の [m] や [n] が長いと「ン」があるように聞こえ、逆に短いと、「ざんねんです」

が「ざねんです」のように、「ン」がないように聞こえます。

　発音したり、聞き分けたりすることが難しいと、まちがって覚えてしまう原因になるので、作文を書くときも、その部分をまちがって書いてしまうのです。

ふり返りましょう

【質問29】
みなさんの学習者の母語、またはみなさん自身の母語には、長い母音と短い母音、長い子音と短い子音の区別はありますか？

　これは、言語によって違いますので、「ある」と言う人と「ない」と言う人がいると思います。では、「ある」と言う場合、それは長さだけの違いでしょうか？例として、英語の長い母音と短い母音の場合を考えてみましょう。英語で、"beat" [biːt] という単語の母音と "bit" [bɪt] という単語の母音との間には、どのような違いがあるでしょうか？

　英語でも、この2つの母音は「長母音」と「短母音」と呼ばれています。しかし、英語の場合、beat の [iː] を短く発音しても、ことばの意味は変わりません。また、bit の [ɪ] をゆっくり長く発音しても、やはりことばの意味は変わりません。これは、英語の長母音と短母音の違いは、長さだけではなく、舌の形や口の緊張も違う、2種類の別の母音だからです。長さが変わっても母音の音色が変わらなければ、意味も変わりません。

　英語以外の言語でも、「長い母音と短い母音の区別がある」という場合、英語と同じように、実際は、その母音の長さだけではなく、音色や舌の緊張など、いろいろな要素がかかわっていて、長母音と短母音はまったく別の2種類の母音である場合が多くあります。

　これに対し、日本語の長母音と短母音の区別は、その母音の音色は関係なく、長さの違いだけが大切です。そのため、日本語の長い母音と短い母音の区別は、外国人学習者にとって難しいことが多いのです（ただし、実際の単語の区別にはアクセントも関係します）。子音の長さだけが違う、「ッ」があるかないかの区別も、これと同じ理由から、難しいことが多いのです。子音の長さで意味を区別している言語は、母音よりももっと少数です。

このように、日本語では母音や子音の「長さ」がとても大切だということがわかりました。日本語で、この母音や子音の「長さ」を表すとき、**拍**という単位が使われます。

3-2.「拍」って何？

　拍というのは、日本語の音の長さを表すときに使う単位です。同じ意味で、**モーラ**（mora）ということばを使うこともあります。拍について、ここでその定義や特徴をまとめましょう。

(1) 定義：拍＝日本語で、長さがだいたい同じ単位
　日本語では、1つの拍はだいたい同じ時間の長さで発音されます。2拍の音は、1拍の音のだいたい2倍の長さで発音されます。
　機械で正確に測れば、すべての拍の長さが完全に同じわけではありませんし、2拍の音が1拍の音の正確な2倍にならないこともあります。しかしこのような細かい事実は、日本語の拍を正しく発音するためにはあまり大切ではありません。学習者が正しく拍を発音できるようになるためには、「日本語の拍の長さはだいたい同じ」と教えるほうがよいでしょう。

(2) 仮名1文字＝1拍
　仮名で書いたときの1文字が、1拍になります。たとえば「さくら」ということばは「さ／く／ら」がそれぞれだいたい同じぐらいの長さで発音される、全部で3拍のことばです。

(3) 拗音＝2文字で1拍
　「○ゃ」「○ゅ」「○ょ」のように書かれる拗音は、その2文字で1拍になります。たとえば「しゅくだい」は「しゅ／く／だ／い」の4拍ですし、「きょろきょろ」は「きょ／ろ／きょ／ろ」の4拍になります。拗音の拍も、ほかの拍と同じぐらいの長さで発音されます。

(4)「ー」（のばす音）、「ッ」「ン」もそれで1拍
　のばす音（「せんせい」の「い」の部分や、「コーヒー」の「ー」の部分）、「ッ」、「ン」は、それだけで1拍になり、ほかの仮名の音と同じ長さがあります。「せんせい」

は「せ／ん／せ／い」で4拍、「コーヒー」は「コ／ー／ヒ／ー」で4拍になります。

第2章でも見たように、これらの「ー」「ッ」「ン」は、それぞれ長音音素/R/、促音音素/Q/、撥音音素/N/でした。これらの3種類の拍は、こうした特殊音素1つだけからできているので、**特殊拍**と呼ばれています。3-1.で見たような誤りをなくすためには、この特殊拍を適切な長さで言えるようにすることが必要です。

(例)　「スポーツ」→ス／ポ／ー／ツ（4拍）
　　　「おおさか」→お／お／さ／か（4拍）
　　　「きょねん」→きょ／ね／ん（3拍）
　　　「サッカー」→サ／ッ／カ／ー（4拍）
　　　「ざんねん」→ざ／ん／ね／ん（4拍）

やってみましょう

《練習27》　　　　　　　　　　　　　　　　　　→〈解答・解説編へ〉
次の単語は、それぞれ何拍のことばですか？　数えてください。

1. こんにちは（　）　2. りょこう（　）　3. あんない（　）
4. がっこう（　）　　5. にほんごきょういく（　）
6. おばさん（　）－おばあさん（　）　　7. きた（　）－きった（　）
8. さま（　）－さんま（　）

《練習28》
上の単語を、拍に注意して聞いてみましょう。

《練習29》
これまで勉強したように、母音の長短や「ッ」、「ン」、拗音の発音がうまくできないのは、拍の長さに問題があるからです。そのため、拍の長さを理解しながら発音できるような練習が必要です。そこで、拍の長さに気をつけて発音する練習を、いくつか紹介します。

a. 書いて説明しながら発音を練習する

　発音するときには、学習者はどこが1拍なのかを理解しながら発音しなければなりません。そこで、まず黒板やプリントなどに、ことばと拍との関係を書いて説明し、学習者はそれを見ながら発音するという方法があります。

　たとえば1拍ごとに四角いマスの中に入れたり、1拍ごとに「／」で区切ったり、下に「⌣」を書いたりして見せ、学習者はこれを見ながら、拍を区切って発音します。

お	ば	さ	ん
お	ば	あ	さ	ん

びょ／う／い／ん　　　　きた

び／よ／う／い／ん　　　　きった

b. 指などで拍を数えながら発音する

　ことばを発音するとき、1拍ごとに指で数えながら、拍を練習します。

c. 歩きながら発音する

　教室で、学習者に立ってもらいます。1拍ごとに1歩ずつ、歩きながら（または、その場で足ぶみをしながら）ことばを発音します。

d. 拍を使ったゲーム

　初中等教育の教室などでは、拍をゲームで練習することもできるでしょう。たとえば、次のような活動が考えられます。

「競歩」

1. 学生を、教室の端に1列に並ばせます。
2. テーマを「スポーツ」「食べ物」「動物」など決めます。教師がクラスにキューを出します。たとえば、テーマが「スポーツ」なら、あるスポーツの絵を絵カードや写真パネルで見せたり、自分の国のことばで言ったりします。
3. 教師のキューを見て（聞いて）、学生はできるだけ早く手を上げて、答えの日本語を言います。いちばん早く答えられた学生は、そのことばの拍数だけ、歩くことができます。たとえば答えが「やきゅう」なら、答えた学生は「や」「きゅ」

「う」と発音しながら、3歩、歩くことができます。
　4. いちばん早く、教室の反対側の壁に着くことができた学生が、勝ちです。

ほかにも、単語をキューにして、拍の数だけすごろくのコマを進めたり、拍の数の枚数だけカードを引いたりなどの使い方もできるでしょう。

e. 俳句や川柳、短歌を作る
　日本語の俳句や川柳は「5/7/5」、短歌は「5/7/5/7/7」と言われますが、これは拍の数を表している数字です。日本語で俳句や川柳、短歌を作ることは、日本語のことばを拍で数えてみるいい練習になります。学習者に自分で川柳を作らせてから、それを「5/7/5」の拍に気をつけながら、読み上げてもらいます。教師は、うまく「5/7/5」の拍に合っていない部分をフィードバックします。

(例)　「あさおきて (5)　ひるねをしたら (7)　もうよるだ (5)」
　　　「びょういんで (5)　げんきにはなす (7)　おばあさん (5)」

　上にあげたすべての練習に共通するのは、学習者に「拍とは何か」ということを、音で聞く以外の何か別の方法（指を使って見せたり、歩いたり）でわからせる、ということです。拍がわからない学習者は、日本語のどの部分をどのぐらいの長さで発音すればいいかがわからないし、これは音を聞くだけでは理解するのが難しいことです。日本語ではどの部分が1拍になっているかということを、学習者にわかりやすい方法で示しながら発音練習することが大切です。

3-3. 日本語のリズムと2拍フット

考えましょう

【質問30】
《練習29》で紹介したような拍の練習は全部、1拍ずつ分けてから、1つ1つの拍の長さに気をつけながら発音するという練習方法でした。このような練習方法の、よいところ、また逆に、あまりよくないところはあるでしょうか？　考えてください。

　拍を1つ1つ分けて教える方法のよいところは、まだ「拍」について知らない学習者に、日本語の音の長さを教えることができるという点です。「日本語の長い母音と短い母音の違いは何ですか？」「『っ』はどう発音すればいいですか？」というレベルの学習者には、拍を1つ1つ数えながら発音練習することで、日本語の音と拍の関係を理解する助けになります。

　逆に、あまりよくないこととしては、拍を1つ1つ区切って発音すると、不自然になってしまうことがあるでしょう。たとえば「こんにちは」の練習に、「こ」「ん」「に」「ち」「は」と拍を区切って発音することは、「こんにちは」が「こにちは」になってしまう学習者に「ん」の発音を説明するのにはいいですが、「こんにちは」をできるだけ自然に発音したい、という場合には合わないかもしれません。また、単語のレベルではなく、中級以上の学習者などで、長い文章をできるだけ自然に発音したい、その中で拍にも気をつけたい、という場合も、拍を1つ1つ区切って練習するのは大変です。

　そこで、日本語の「**2拍フット**」のリズムを使った練習を、次に紹介します。はじめに、「**フット**」ということばについて、簡単に説明します。

　「フット」とは、英語の「foot」からきていることばです。日本語で「脚」と訳されることもありますが、一般的にはそのまま「フット」と呼ばれることが普通です。「フット」とは、簡単に言うと、「その言語のリズムのもとになる単位」と定義できます。これは、日本語だけではなく、いろいろな言語について、考えることができます。

たとえば、英語の場合は、強い音から強い音までがフットになっていて、これがだいたい同じぐらいの間隔で現れて、リズムのもとになっています。中国語やフランス語の場合、1つ1つの音節がだいたい同じぐらいの間隔で発音され、これがそれぞれのことばのリズムのもと（フット）になっています。

　それでは、日本語の場合は、何がリズムのもとになっているでしょうか。日本語では、2つの拍がいっしょになった、2拍のまとまりが「フット」になり、リズムを作っていると考えられています。この、日本語のリズムのもとになる2拍のまとまりを、「2拍フット」（bimoraic foot）と呼びます。

　たとえば、「こんにちは」は、1拍ごとに分けて考えると

　　　こ／ん／に／ち／は

ですが、2拍のフットで考えると、フットのまとまりを「タン」、それ以外の拍を「タ」で表すと、

　　　こん｜にち｜は

　　　タン　タン　タ

というリズムになります。この「こん」「にち」のようなまとまりが、だいたい同じぐらいの間隔で発音されて、日本語のリズムを作っているのです。

　前に見た、俳句、川柳、短歌のリズムも、実はこの2拍フットがもとになってリズムが作られています。たとえば俳句の「5/7/5」は、2拍ごとの次のようなリズムとして考えられます。

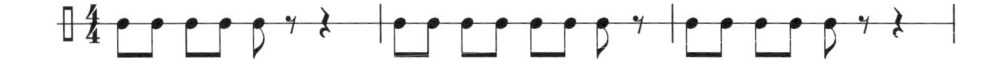

また、日本語の省略語が2拍ずつのまとまりから作られたり（「パソ・コン」「ドリ・カム」「いく・きゅう（育休）」）、電話番号や数を数えるときに1拍の「2（に）」や「5（ご）」が2拍にのびたり（「いち・にー・さん！」「さん・ごー・にーの…（352-)」）するのも、日本語では2拍のまとまりがリズムのもとになっているためです。

　上で、日本語のリズムのもとになるフットは、2拍ずつのまとまりだと説明しました。しかし、2拍ずつをどのように組にするかは少し複雑です。たとえば「ごめんなさい」ということばは、

　　　　　　ごめ｜んな｜さい　　　ではなく、　　　ご｜めん｜な｜さい

のようにまとめられます。

　それでは日本語では、どのようにして、2拍を1つのフットにまとめることができるのでしょうか。これには、次のような規則があります。

整理しましょう

《日本語の拍、フット、リズムの規則》
(1) 優先順位1：「○ー」「○ッ」「○ン」「○（母音）」「です／ます」のまとまり
　　→最初に2拍フットにまとめられる。
(2) 優先順位2：それ以外の拍→となり合う2拍ずつ「○○」
　　→次に、2拍フットにまとめられる。
(3) あまった拍は、1拍で「半分」のフットになる。
(4) 2拍フット＝♩（タン）、あまった半分のフット＝♪（タ）でリズムが作られる。

(1) 優先順位１：「○ー」「○ッ」「○ン」「○(母音)」「です／ます」のまとまり
　→**最初に 2 拍フットにまとめられる**

下のような音のつながりがあるとき、まずいちばんはじめにそれらの 2 拍をフットのまとまりとしてグループにまとめます。

　「○ー」：ある拍の次に、のばす音 /R/ がくるときは、はじめにこの 2 拍をフット
　　　　　にまとめます。
　　（例）「せんせい」の「せい」、「おばあさん」の「ばあ」、「スポーツ」の「ポー」など
　「○ッ」：ある拍の次に、「ッ」/Q/ がくるときは、はじめにこの 2 拍をフット
　　　　　にまとめます。
　　（例）「ひっこし」の「ひっ」、「がっこう」の「がっ」、「サッカー」の「サッ」など
　「○ン」：ある拍の次に、「ン」/N/ がくるときは、はじめにこの 2 拍をフットに
　　　　　まとめます。
　　（例）「せんせい」の「せん」、「おばあさん」の「さん」など
　「○(母音)」：ある拍の次に、母音「あ／い／う／え／お」のどれかが続くと
　　　　　きは、はじめにこの 2 拍をフットにまとめます(*1)。
　　（例）「ごめんなさい」の「さい」、「きがえる」の「がえ」など
　「です／ます」：「です」と「ます」はいつもこの 2 拍でフットのまとまりになります。
　　　　　「でした」「ました」の「でし」「まし」も同じように考えます。

(2) 優先順位２：それ以外の拍→となり合う 2 拍ずつ「○○」
　→**次に、2 拍フットにまとめられる**

上で説明したような、「優先順位１」のまとまりが、まずはじめに 2 拍フットになった後、残った拍を、前から順番に 2 つずつ組み合わせて、2 拍フットのまとまりを作っていきます。

　（例）「あたかも」の「あた」「かも」、「こんにちは」の「にち」、「ひっこし」の「こし」、「こくさい」の「こく」など

(3) あまった拍は、1 拍で「半分」のフットになる

　これまで見た (1) と (2) のルールによって、となり合う拍が 2 拍ずつのフットにまとめられたとき、となりにいっしょになる拍がない、あまりの拍が出てきます。このような拍は、ほかの拍とグループにならないで、それだけで 1 拍の「半分」フットになります。1 拍なので、長さはほかの 2 拍フットの半分です。なので、2 拍フットが「♩（タン）」だとすると、この半分のフットは「♪（タ）」となります。

(4) 2 拍フット＝♩（タン）、あまった半分のフット＝♪（タ）でリズムが作られる

　このように (1) から (3) のルールからできた「♩（タン）」と「♪（タ）」の組み合わせによって、日本語のリズムが作られます。

　それでは、具体的な文を使って、もう少しくわしく見ていきましょう。

a.「こんにちは」

　はじめに、(1) のルールにより、「こん」が 2 拍フットにまとめられます。

　　　こん　にちは

次に、(2) のルールにより、「にち」が 2 拍フットにまとめられます。

　　　こん　にち　は

最後に、あまった「は」がそれだけで半分のフットとして残ります。

　　　こん　にち　は

このように、「こんにちは」は「♩　♩　♪（タン、タン、タ）」というリズムになります。

b.「おはようございます」

　はじめに、(1) のルールにより、「よう」「ざい」「ます」が 2 拍フットにまとめられます。

　　　おは　よう　ご　ざい　ます

次に、(2) のルールにより、「おは」が 2 拍フットにまとめられます。

　　　おは　よう　ご　ざい　ます

最後に、あまった「ご」がそれだけで半分のフットとして残ります。
　　　　　おは　よう　ご・ざい　ます

このように、「おはようございます」は「♩ ♩ ♪♩ ♩（タン、タン、タ、タン、タン）」というリズムになります。

c.「ありがとうございました」

はじめに、(1) のルールにより、「とう」「ざい」「まし」が2拍フットにまとめられます。
　　　　　ありが　とう　ご　ざい　まし　た

次に、(2) のルールにより、「あり」が2拍フットにまとめられます。
　　　　　あり　が　とう　ご　ざい　まし　た

最後に、あまった「が」「ご」「た」がそれだけで半分のフットとして残ります。
　　　　　あり　が・とう　ご・ざい　まし　た・

このように、「ありがとうございました」は「♩ ♪♩ ♪♩ ♩ ♪（タン、タ、タン、タ、タン、タン、タ）」というリズムになります。

やってみましょう

《練習30》　　　　　　　　　　　　→〈解答・解説編へ〉
次の単語や文は、どのようなリズムで発音されますか？　下に、「⌣」または「・」を書いてください。

1. ひらがな　2. こくばん　3. きょうかしょ　4. にほんご　5. おとうと
6. すみません　7. ごちそうさまでした　8. おめでとうございます

《練習31》
それでは、上で見た3つの文を、実際にリズムに合わせて練習してみましょう。

a.「こんにちは」

(1) はじめに、「こんにちは」のリズム、「♩ ♩ ♪（タン、タン、タ）」を手拍子でたたきながら、口で「タン、タン、タ」と言います。これを何回かくり返します。

(2) このリズムがわかってきたら、手拍子はそのままたたきながら、これにのせて「こんにちは」を言います。これを、何回かくり返してください。

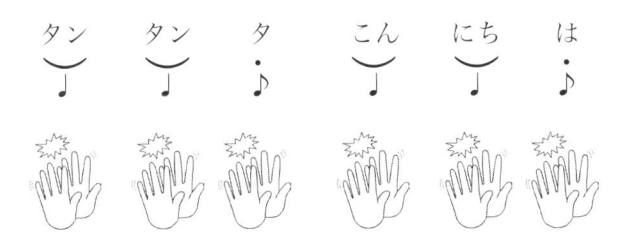

タン　タン　タ　　こん　にち　は
♩　　♩　　♪　　♩　　♩　　♪

b.「おはようございます」

(1) 同じように、はじめに「おはようございます」のリズム、「♩ ♩ ♪♩ ♩」（タン、タン、タ、タン、タン）」を手拍子でたたきながら、口で「タン、タン、タ、タン、タン」と言います。これを、何回かくり返します。

(2) このリズムがわかってきたら、手拍子はそのままたたきながら、これにのせて「おはようございます」を言います。これを、何回かくり返します。

c.「ありがとうございました」

同じように、リズムを手拍子でたたきながら言う練習をくり返してみましょう。

《練習 32》

次は、少し長い文で同じように練習してみましょう。

「東京と京都と大阪に行きました。」

とう　きょう　と｜きょう　と と｜おお　さか　に｜いき　まし　た
♩　　♩　　♪　　♩　　♩　　♩　　♩　　♪　　♩　　♩　　♪
タン　タン　タ　タン　タン　タン　タン　タ　タン　タン　タ

長い文でも同じようにリズムを考えることができます。ただし、リズムのまとまりは、文節ごとに考えます。そのため、上の文は、「東京と」「京都と」「大阪に」「行きました」のそれぞれの文節について、別々にリズムを考えればいいことになります。

これは、たとえば「大阪に行きました」という場合、これを全部続けて一息で言ってもいいし、「大阪に、行きました」のように文節の間で**ポーズ**を入れて言ってもいいように、文節と文節の間をどのようなタイミングで言うかは、拍のリズムによって決められているわけではないと考えるからです。

《練習33》🎥
この章のはじめに考えたような、長い母音と短い母音の区別、「ッ」や「ン」がある／ないの区別、拗音の発音などは、このリズムを使うとどのように教えることができるでしょうか。

　誤りやすいことばの組も、次のようにリズムを考えて練習すると、わかりやすくなります。

(1) 長い母音と短い母音：(例)「おばさん」と「おばあさん」

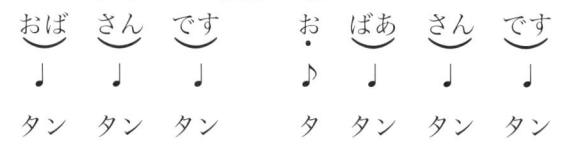

　　おば　さん　です　　　お・ばあ　さん　です
　　♩　　♩　　♩　　　　♪　♩　　♩　　♩
　　タン　タン　タン　　　タ　タン　タン　タン

(2)「ッ」：(例)「きて」と「きって」

　　きて　くだ　さい　　　きって・くだ　さい
　　♩　　♩　　♩　　　　♩　♪　♩　　♩
　　タン　タン　タン　　　タン　タ　タン　タン

(3)「ン」：(例)「ハナ」と「ハンナ」(人名)

　　ハナ　さん　です　　　ハンナ・さん　です
　　♩　　♩　　♩　　　　♩　♪　♩　　♩
　　タン　タン　タン　　　タン　タ　タン　タン

(4) 拗音：(例)「びょういん」と「びよういん」

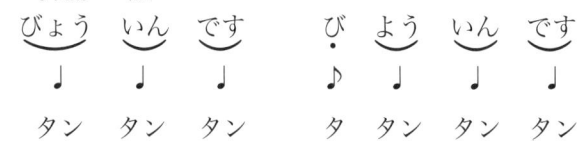

　　びょう　いん　です　　　び・よう　いん　です
　　♩　　　♩　　♩　　　　♪　♩　　♩　　♩
　　タン　　タン　タン　　　タ　タン　タン　タン

このように、区別が難しい拍の長さの違いも、ことばのリズムを考えるとまったく違うリズムで発音されることがわかると思います。
　2拍フットのリズムを手でたたきながら発音することは、はじめは少し難しいかもしれませんが、何回もくり返して体が覚えてくると、だんだん自然にできるようになります。また日本語の単語や文を見れば、どんなリズムで発音すればいいかが自然にわかるようになります。
　このようにして2拍フットのリズムを身につければ、自然な日本語のリズムで発音できるようになりますし、はじめにあげたような、音の長さの区別の問題も、少なくなります。何回もくり返して、体で日本語のリズムを身につけさせることが大切です (*2)(*3)。

注

*1： その母音の前に意味の切れ目があるときは、そうなりません。たとえば「おおさかいき（大阪行き）」は「おおさか／いき」なので、「かい」のところはまとまりになりません。また、このような母音のつながりや、「です／ます」をはじめに2拍フットにまとめるかどうかについては、ほかの考え方もあります。

*2： 日本語の発音の教材で、このような2拍のリズムの練習を紹介した本として、土岐・村田（1989）があります。この教材では同じような練習がたくさん紹介されていますので、もっとリズムを練習したい人は、これを見てみるといいでしょう。特に、会話文や、もっと長い文がいろいろ練習できます。また、「**VT法**」という発音の教え方にも、このリズムを取り入れた練習法があります（ロベルジュ・木村[編]1990など）。「VT法」は「ヴェルボ・トナル・メソッド」という方法のことで、発音練習に体の動きを取り入れるなどの特徴があります。VT法の練習の1つである「わらべうたリズム」などは、この2拍フットの考え方がもとになっていると言えます。興味がある人は参照してみてください。

*3： 土岐・村田（1989）やVT法では「フット」などの特別なことばは使われていません。また鹿島（2002）ではこのかわりに「**リズムユニット**」ということばを使っています。教材によって、用語やリズムの考え方、練習方法に少しずつ違いがあるかもしれません。しかし、日本語では2拍をまとまりとしてリズムが作られるというのは共通した考え方です。

4 アクセント

4-1. 世界の言語のアクセントから見た日本語のアクセント

考えましょう

【質問31】　　　　　　　　　　　　　　　　　　→〈解答・解説編へ〉

次のエピソードは、外国人日本語学習者から実際に聞いた話がもとになっています。どうしてこのようなことが起きたのか、考えてください。

私は、日本人の友だちに「こんどいっしょにディズニーランドに行こうよ」とさそわれました。その週の日曜日は何も予定がなかったので、「ええ、じゃあ5日に行きましょう」と答えました。

4日の夜、友だちに電話して「明日、何時にどこで待ち合わせしますか？」と聞いたら、友だちはびっくりして、「いつか行こうと言ったけれど、明日なんて約束はしていない」と言いました。5日の日曜日は、私は1人で家でテレビを見ました。

日本語では、「5日」と「いつか」のように、仮名で書いたときは同じことばでも、その発音のしかたによって、意味が変わる場合があります。これは、日本語では、それぞれの単語によって、発音のしかたが決まっているからです。

「いつか」の場合は、発音のしかたを変えると別の意味の単語になりましたが、日本語では、そうでない場合でも、それぞれの単語は発音のしかたが決まっています。たとえば「とうきょう（東京）」ということばは、音の高さを下げないで、平らに発音されるというのが決まっているので、もし「と」の後で音を下げてしまうと、不自然な発音になります。逆に、「きょうと（京都）」ということばは「きょ」の後で下げなければなりませんから、もしこれを「東京」と同じように平らに発音すると、不自然な発音になってしまいます。

「5日」🔊　「いつか」🔊　「東京」🔊　「京都」🔊

このように、単語1つ1つについて決まっている高さなどの発音のパターンを、**アクセント**と言います。

ふり返りましょう

【質問32】
自分が教えている学習者の母語、または自分の母語には、アクセントの区別はありますか？　もしある場合、それはどのようなアクセントですか？

　例として、はじめに英語の場合を考えてみましょう。

（例）Japán [ʤəpǽn] 🔊

　Japanという単語の場合、2番目の"a"の音にアクセントが置かれます。アクセントが置かれた「a」の音は、アクセントが置かれていない最初の「a」と比べると、より強く、高く、長く、はっきりした音色で発音されます。もしこれを、はじめの「a」にアクセントを置いて、Jápan [ʤǽpən] と発音したら、意味がわからなかったり、不自然な発音に聞こえるでしょう。
　それでは、英語ではJapanという単語はなぜ、JápanではなくJapánと発音されるのでしょうか？　これは、特に理由はありません。ほかの人がみなJapánと発音するから、英語を話す人はみなJapánと発音しているのです。そのため、"Japan"という単語を見ただけでは、外国人はどのように発音してよいかわかりません。この単語はJapánと発音するのだ、ということを覚えて、はじめて正しいアクセントでJapánと発音できるのです（このように、アクセントなどが特に理由はないけれどそう決まっているということを、「**恣意的**（arbitrary）」であると言います）。
　つまり、英語のアクセントについてまとめると、
・それぞれの単語について、どの部分を強く発音するかが、決まっている。
・アクセントの位置は単語によって違う。どこにアクセントがあるかは、単語を見ただけではわからない（これを、「**予測不可能**（unpredictable）」または「**非明示的**（implicit）」なアクセントと言います）。
ということになります。そのため、英語を勉強する外国人は、それぞれの単語について、どこにアクセントがあるかを覚えなければなりません。みなさんも、英語を外国語として勉強したことのある人は、単語のアクセントを覚える勉強をしてきた

のではないでしょうか。英語のほかに、たとえばロシア語なども、単語ごとにアクセントを覚えなければならない言語です。

（例）　окно́（窓）　о́кна（複数の窓）　сло́во（単語）　слова́（複数の単語）🔊

　英語やロシア語の場合と違って、単語のアクセントの場所が決まっている言語もあります。たとえばチェコ語では、アクセントはいつも、単語のいちばんはじめの音節に置かれます。フランス語では、単語（句）の最後の音節が、強く発音されます。またスペイン語のように、だいたい規則的にアクセントの位置がわかり、規則からはずれるものは単語にアクセント記号をつけて示してある言語もあります。このような言語の場合、その言語を勉強する外国人は、アクセントの位置を単語ごとに覚える必要はありません。

　次に、中国語の例を見ましょう。

（例）　日本　rìběn 🔊

　中国語でも、単語の発音のしかたが、それぞれ決まっています。「日 rì」の部分は高い音から低い音への下降調で発音されますし、「本 běn」の部分は全体が低く発音されます。もしこれを、違う高低のパターンで発音すると、意味がわからないか、もしわかったとしても、誤った発音になります。

　ただし、英語の場合は「Japan」という単語にアクセントが決まっていましたが、中国語の場合は「日 ri」と「本 ben」というそれぞれの音節について、どう発音するかが決まっています。このように、単語ではなく音節に決まっている高低のパターンを、**声調**（tone）と言います。中国語の声調は、単語を見ただけではわかりませんから、外国人が中国語で「日本 riben」という単語を正しく発音するためには、「日 ri」がどう発音されるのか、「本 ben」がどう発音されるのかを、勉強して覚える必要があります。

　このように、単語のそれぞれの音節に高さのパターンが決まっている声調言語は、中国語のほかに、タイ語、ベトナム語などがあります。ただし、タイ語、ベトナム語の声調は中国語と違って、それぞれの単語の声調は、文字を見ればわかるようになっています。

考えましょう

【質問33】
これまで、いろいろな言語のアクセント、声調の特徴を見てきました。それでは、日本語のアクセントは、どのような性質のものでしょうか？

　この章のはじめに見たように、日本語ではそれぞれの単語について、発音のしかた（アクセント）が決まっています。もしそれぞれの単語を違うアクセントで言うと、意味がわかりにくくなったり、場合によっては意味が変わったりしてしまいます。
　また、それぞれの単語のアクセントの位置は恣意的で、その単語を見ただけではわからない、予測不可能で非明示的な性質のものなので、英語やロシア語、中国語の場合と同じように、外国人はこれを勉強して覚える必要があります。

整理しましょう

日本語のアクセントの性質について、まとめましょう。

《日本語のアクセントの性質 -1-》
(1) 日本語のアクセントは、全部の単語について、それぞれ決まっている。
(2) アクセントの位置は、それぞれの単語によって違う。どこにアクセントがあるかは、単語を見ただけではわからないので、外国人は、それぞれの単語について、どこにアクセントがあるかを覚える必要がある。

　つまり、日本語の性質として、母語話者のようなアクセントで話そうと思ったら、外国人はそれぞれの単語についてアクセントを覚えるしか方法はないのです。これは、日本語のアクセントが大切かどうかとか、アクセントが違うと意味が通じるか通じないかとか、その学習者にとってアクセントの勉強が必要かどうかとかということとはまったく関係がない話だということを、理解しなければなりません。

4-2. 日本語のアクセントの特徴

それでは、日本語のアクセントの特徴を具体的に見ていきましょう。日本語では、アクセントが違うと、発音のしかたにどのような違いがあるでしょうか？

A. にほ˥ん（日本）　　B. に˥ほん（2本）

日本語では、アクセントを「˥」という記号で表します。Aの「にほ˥ん」は、「低高低」、Bの「に˥ほん」は、「高低低」という高さで発音されます。日本語では音の長さは拍によって決められていますから、アクセントが違っても長さは変わりませんし、音色や強さも同じです。このように、日本語では、アクセントの違いは拍の高い低いの違いとして実現されます。そのため、日本語のアクセントは**高低アクセント**または**ピッチアクセント**であると言われます。

A. にほ˥ん 🔊　　B. に˥ほん 🔊

日本語では「˥」の部分で音の高さが下がることによって、単語の発音のしかたに違いが出てきます。

日本語では、この下がり目「˥」があるかないか、あるとしたらどこにあるかが、単語ごとに決まっています。この下がり目のことを、**アクセント核**と言います（「**滝**」ということばを使う人もいます）。日本語のアクセントでは、この高さの下がり目＝アクセント核が、その単語の発音のしかたにとってとても大切なのです。すなわち、外国人が日本語のアクセントを覚える場合、どこで下がるかという、アクセント核について覚えることになります。

整理しましょう

《日本語のアクセントの性質 -2-》
日本語のアクセントは、単語ごとに、下がり目であるアクセント核「˥」が
(1) あるか、ないか？
(2) あるとしたら、どこにあるか？
が決まっている。

日本語の単語は、上の基準から、次のように分けることができます(*1)。

$$\begin{cases} \text{アクセント核があるもの＝「起伏型」} \\ \quad \rightarrow \begin{cases} \text{アクセント核が、単語のはじめの拍にある＝「頭高型」} \quad ○⌐・・・○ \\ \text{アクセント核が、単語の途中にある＝「中高型」} \quad ○・・⌐・○ \\ \text{アクセント核が、単語の最後の拍にある＝「尾高型」} \quad ○・・・○⌐ \end{cases} \\ \text{アクセント核がないもの＝「平板型」} \quad\quad\quad\quad\quad\quad\quad ○・・・○ \end{cases}$$

では、それぞれのアクセント型の単語は、具体的にはどのような高低で発音されるでしょうか？　次のような、4拍の単語で考えてみましょう。

1. タ⌐タタタ（頭高型）　2. タタ⌐タタ（中高型）　3. タタタ⌐タ（中高型）
4. タタタタ⌐（尾高型）　5. タタタタ（平板型）

日本語の単語の発音のしかたは、その単語だけを単独で発音したときは、一般的に表すと、次のような高低のパターンに表すことができます。

①

単語だけを発音したときは、まず1拍目が低く、2拍目から高くなります（ただし、1拍目にアクセント核があるときは、1拍目は高く発音されます）。そこからアクセント核までは、ずっと高いままです。そして、アクセント核があったら、そこで高から低へ下がり、そのまま最後まで低く発音されます。すなわち、上の4拍語の例は、次のような高低パターンで発音されます。

1. タ⌐タタタ：高 低 低 低 🔊　　　　2. タタ⌐タタ：低 高 低 低 🔊

3. タタタ⌐タ：低 高 高 低 🔊　　　　4. タタタタ⌐：低 高 高 高 🔊

5. タタタタ：低 高 高 高 🔊

では4の尾高型「タタタタ˥：低高高高」と、5の平板型「タタタタ：低高高高」はどのように違うのでしょうか？　これは、その次にくることばがどの高さで続くかが違います。尾高型は単語の最後に下がり目がありますので、次に助詞や「です」などのことばが続くとき、下がってから続きます。これに対し、平板型は下がり目がありませんから、下がらないでそのままつきます。次の文を、「です」や「が」の部分に気をつけて聞いてください。

　　タタタタ˥です。🔊　—タタタタです。🔊
　　花（はな˥）🔊 —鼻（はな）🔊　花が（はな˥が）🔊 —鼻が（はなが）🔊

「花」と「鼻」はその単語だけを発音したときは、違いがありません。しかし、「花が（はな˥が）」では、「な」の後ろにアクセント核がありますから、そこで下がり、「が」は低くなります。これに対して、「鼻（はな）」には下がり目がありませんので、「が」も高いまま続きます（*2）。

考えましょう

【質問34】　　　　　　　　　　　　　　　　→〈解答・解説編へ〉

日本語のアクセントには、いくつかの表し方（表記法）が使われています。みなさんは、どの方法を見たことがありますか？　または、使っていますか？

A.	タ˥タタ	タタ˥タ	タタタ˥	タタタ
B.	タ＼タタ	タタ＼タ	タタタ＼	タタタ￣
C.	タ↓タタ	タタ↓タ	タタタ↓	タタタ○
D.	̄タタタ	タ ̄タ	タタ ̄	タタタ ̄
E.	⌐タ_タタ	タ⌐タ_タ	タ⌐タタ_	タ⌐タタ
F.	タタタ①	タタタ②	タタタ③	タタタ⓪

上にあげたように、日本語のアクセントを表す方法はいろいろあり、また上で紹介した以外の方法もあります。しかし、日本語のアクセントの性質や、その単語のアクセント核がどこにあるかという事実は、いつも同じです。違うのは、それをどう表すかという方法だけです。教師としては、日本語アクセントの性質について理解したうえで、それぞれの教材ではどのような方法でアクセントを表しているのかを理解すればいいことになります。

4-3.「高い」－「低い」の練習

やってみましょう

《練習34》 →〈解答・解説編へ〉

はじめに、単語のアクセントの記号を見て、その高低のパターンを言う練習をしましょう。次のようなアクセントの単語は、その単語だけを単独で発音したとき、どのような高低パターンで発音されるでしょうか。低い部分に「低」、高い部分に「高」を書いてください。その後で、音を聞いて確かめてください。

1. あ＼さ（朝）　2. かわ＼（川）　3. とり（鳥）　4. さくら　5. テ＼レビ
6. はなし（話）　7. ひこ＼うき（飛行機）　8. おとうと＼（弟）
9. きょ＼うだい　10. ともだち

やってみましょう

《練習35》 →〈解答・解説編へ〉

こんどは、単語を聞いて、アクセントの高さを聞く練習をしましょう。音声を聞いて、アクセントの下がり目（アクセント核）に「＼」の記号をつけてください。

1. はるです　2. ふゆです　3. たまごです　4. トマトです
5. さかなです　6. あめです（雨です）　7. あめです（飴です）
8. はしです（橋です）　9. はしです（端です）　10. はしです（箸です）
11. タタタです　12. タタタです　13. タタタです　14. タタタです

前の部分でも説明したように、日本語のアクセントは音の「高さ」だけで区別しています。これは、高さだけではなく長さや強さ、母音の音色までが違う英語のアクセントと比べると、違いが聞き取りにくいかもしれません。

しかし、あきらめないでください。みなさんは歌を歌えますか？「私の国には、歌というものがない」という人はいないと思います。日本語のアクセントの高低は、歌で使われる高低と同じですから、ある歌のメロディーを聞いて何の歌かわかるなら、日本語のアクセントの高低もわかるはずです。音の「高い」と「低い」を区別する練習をして、それからこれをことばに使う練習をしていけば、日本語のアクセ

ントの高低も聞き取れるようになるでしょう。

やってみましょう

《練習36》
いろいろな方法で、日本語のアクセントの「高い」と「低い」を教える練習をしましょう。

　　　さかな　た￤ま￤ご　ド￤マト　　　（……………は実際の音の高さを表す）

　アクセントの高低の違いがまだよくわからない学習者は、音を聞いただけでは高いか低いかがなかなか判断できません。このとき、学習者に対して、音以外の方法で、「高い」「低い」を示すと、わかりやすくなります。
　具体的な方法は、黒板に線を書く、音符を書く、手を上下させる、首を上下させるなどのいろいろな方法があるでしょう。

(1) 手や頭の動きで音の高さを示す
・手を使う
単語をゆっくりと発音しながら、アクセントの高低にあわせて手を上下させます。

・首を上下させる
「低」のときは下を、「高」のときは上を向きながら、単語を発音します。

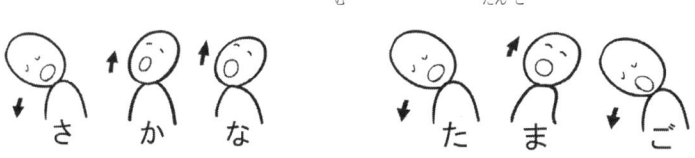

(2) 音楽の音の高さとして練習する
　はじめに、アクセントの型を見ながら、低い音を「ド」、高い音を「ミ」の音で、歌ってみます。

次に、その音の高さのまま、歌うように単語を発音します。

♪ さかな たまご トマト

3つの音だと難しい場合は、2つの音から始めてもいいでしょう（ドミ—ミド）。また音の高さに集中させるために、楽器を使ったり、ハミングしたり、口笛を吹いたりする方法もあります。

「カズー（kazoo）」という楽器は、声の高さがそのまま楽器の音になります。アクセントやイントネーションの音の高さを練習するのに使うことができるでしょう。

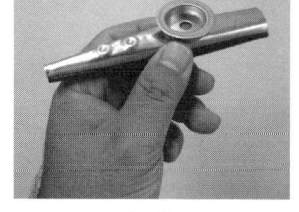

カズー

4-4. 文の中でのアクセント

考えましょう

【質問35】

これまでは、単語をそれだけ単独で発音したときのアクセントについて考えてきました。では、単語が文の中で発音されたとき、アクセントはどうなるでしょうか。上で練習した、「さかな」「た\`ま\`ご」の発音は、次の文の中でどうなっていますか？

「あかい さかなが いま\`す。 しろ\`い さかなも いま\`す。」

「な\`んの た\`まご？」－「かえるの た\`まご。」

「さかな」は単語だけで発音したときは「低高高」、「た\`まご」は「低高低」でした。しかし、文の中で発音されると、次のようになります。

あかい さかなが いま\`す。 しろ\`い さかなも いま\`す。

な\`んの た\`まご？ カエルの た\`まご。

（「…ま\`す。」の「す」の部分は無声化しているので、高さの線はありません。）

「さかな」は、はじめの文では「高高高」のように、後の文では「低低低」のように発音されています。「たま˥ご」は、はじめの文では「低低 - さらに低」のようになっていますし、後の文では「高高低」のようになっています。

　これまでに日本語のアクセントについて勉強したことがある人は、「日本語では1拍目と2拍目の高さが違う」「頭高型以外は、1拍目は低く、2拍目から高い」などと習ってきた人もいると思います。しかし、これはあくまでも「単語を単独で発音したとき」の発音なのです。実際は上で見たように、文の中で発音されると、必ずしもそうではないことがわかります。

　昔は、このようなことについて「文の中でアクセントが変化する」と説明することがありました(*3)。そのため、学習者の中には「日本語のアクセントはせっかく覚えても、文の中で変わってしまうので、意味がない」と、モチベーションをなくしてしまう場合もあったようです。

　しかし現在では、「1拍目は低く、2拍目から高い」というのは日本語の文の始まりを示すイントネーションであって、単語だけを発音したときは、このイントネーションのために「低高 -」のようになる、という考え方が一般的になってきました。

　つまり、「さかな」の場合、アクセント自体が「低高高」なのではなく、アクセントとしては「下がり目がない」というもので、これが単語だけで発音されたときには「低高高」というパターンで発音されるし、文の中では「低低低」や「高高高」になるが、単語の中では下がらない、という考え方です。同じように、「たまご」は、アクセント自体が「低高低」なのではなく、アクセントはあくまでも「"ま"の後で下がる」というもので、これが単語だけで発音されたときには「低高低」となったり、文の中では「高高低」などになったりするが、いつも「ま」の後で下がる、と考えます。

アクセント＝「さかな」（下がり目がない）

さかな (単語単独) 🔊　　あかい さかなが いま˥す。　　しろ˥い さかなも いま˥す。🔊

アクセント＝「たま˥ご」（"ま"の後で下がる）

たま˥ご (単語単独) 🔊　　な˥んの たま˥ご？　　カエルの たま˥ご。🔊

　つまり、日本語のアクセントは、それぞれの拍が高いか低いかということよりも、アクセント核の下がり目が大切だということになります。4-2. でも見たように、日本語のアクセントは「下がり目があるかないか、あるならどこで下がるか」が単語

ごとに決まっていて、これを覚えるのが重要なのです。

単語のアクセントと文のイントネーションとの関係は、次の第5章でくわしく勉強します。

4-5. いろいろな品詞のアクセント

日本語では、それぞれの単語のアクセント核がどこにあるかは、外国人は単語ごとに覚えなければならない、ということを説明しました。

特に名詞の場合は、アクセント核はどの位置にもくる可能性があるので、たとえば「タタタタ」という4拍の名詞には、「タ῍タタタ」「タタ῍タタ」「タタタ῍タ」「タタタタ῍」「タタタタ」という5種類のパターンがあることになります（このことを、「n拍の名詞にはn+1通りのアクセントのパターンがある」と言ったりします）。全体的に見て中高型と尾高型は数が少ないとか、4拍の名詞は平板型が多いとかの傾向はありますが、基本的には名詞はアクセントの位置を単語ごとに覚える必要があります。これは、ナ形容詞も同じです。

しかし、動詞やイ形容詞は、アクセントのパターンが限られていますので、これを覚えれば、アクセントを覚える負担を減らすことができます。

(1) 動詞のアクセント

考えましょう

【質問36】

次の動詞の発音を聞いてみましょう。Aのグループの動詞と、Bのグループの動詞は、発音にどのような違いがありますか？

A

遊ぶ	行く	生まれる
教える	着る	する
知る	捕まえる	泣く	乗る
働く	始まる	笑う

B

歩く	驚く	書く
片付ける	切る	来る
食べる	住む	作る	できる
飲む	見る	喜ぶ

Aのグループの動詞は、平らに発音されていましたが、Bのグループの動詞は、ことばの終わりのほうで下がっていました（正確に言うと、後ろから2番目の拍に下がり目があります）。

　動詞はこのように、アクセント核の下がり目がない動詞とある動詞に分けられます。そして、アクセント核がある動詞は、後ろから2番目の拍という同じ位置に核があります。アクセント核がない動詞のグループを、「**平板型**」動詞、アクセントの下がり目がある動詞のグループを「**起伏型**」動詞と呼びます（*1）。

　日本語の動詞はこの2つのグループのどちらかに分けられ、同じグループの中では、活用形のアクセントも同じになります。そのため、動詞はそれが平板型か起伏型のどちらなのかだけを覚えれば、アクセントもわかることになります。

　ただし、上にはありませんでしたが、起伏型動詞の中には後ろから3番目の拍に核がある動詞もあります。これは「帰る」「通る」「入る」などで、これらは後ろから2番目の拍が長音や母音のため、核が1つ前にずれた、例外的なアクセントです。このような動詞は少しだけですから、あまり心配する必要はありません。

　ある動詞が平板型か起伏型のどちらなのかということについては、やはり覚えるしかありません。

平板型動詞〈アクセント核がない＝下がり目がない動詞〉🔊

あそぶ（遊ぶ）	いう（言う）	いく（行く）	いる	うる（売る）
おしえる（教える）	かう（買う）	かす（貸す）	きる（着る）	しぬ（死ぬ）
しる（知る）	する	つかう（使う）	つかまえる（捕まえる）	なく（泣く）
のる（乗る）	はじまる（始まる）	はたらく（働く）	わらう（笑う）	…など

起伏型動詞〈アクセント核がある＝下がり目がある動詞〉

（後ろから2番目の拍にアクセント核）🔊

あるﾞく（歩く）	おどろﾞく（驚く）	かﾞく（書く）	かたづけﾞる（片付ける）	きﾞる（切る）
くﾞる（来る）	すﾞむ（住む）	たﾞつ（立つ）	たべﾞる（食べる）	つくﾞる（作る）
できﾞる	のﾞむ（飲む）	はれﾞる（晴れる）	みﾞる（見る）	よろこﾞぶ（喜ぶ）

（後ろから3番目の拍にアクセント核）🔊

かﾞえる（帰る）	とﾞおる（通る）	はﾞいる（入る）	……など

　この、アクセントによる動詞のグループ分けは、Ⅰグループ、Ⅱグループなどの

活用形によるグループ分けとは別のものですので、教えるときは注意してください。つまり、Ⅰグループ動詞の中に、平板型動詞と起伏型動詞があり、Ⅱグループ動詞の中にも平板型動詞と起伏型動詞があります。まとめると、以下のようになります。

		活用形によるグループ分け		
		Ⅰグループ	Ⅱグループ	Ⅲグループ
アクセントによるグループ分け	平板型	遊ぶ、言う、行く、売る、買う、貸す、死ぬ、使う　　　　　　　　　　　　　　など	いる、着る、寝る、教える、あげる、借りる、変える　　　　　　　　　　　　　など	する
	起伏型	歩く、書く、切る、集まる、帰る、通る　　　　　　　　　　　　　など	食べる、見る、出る、起きる、疲れる　　　　　　　　　　　など	来る

整理しましょう

動詞の活用形のアクセントを見てみましょう。

〈マス形〉

マス形のアクセントは、平板型動詞も起伏型動詞も、すべて同じ形になります。

平板型	〜ま゛す　〜ま゛した　〜ませ゛ん　〜ませ゛んでした
起伏型	

(例)

平板型	あそぶ	あそびま゛す	あそびま゛した	あそびませ゛ん	あそびませ゛んでした	🔊
	する	しま゛す	しま゛した	しませ゛ん	しませ゛んでした	🔊
起伏型	あ゛るく	あるきま゛す	あるきま゛した	あるきませ゛ん	あるきませ゛んでした	🔊
	く゛る	きま゛す	きま゛した	きませ゛ん	きませ゛んでした	🔊

多くの初級教科書の場合、動詞の活用形は、マス形がはじめに教えられますが、マス形は平板型と起伏型の区別がないため、単語のアクセントを教えている場合でも、学習者は動詞のアクセント型の違いに気づかないまま学習を進めてしまう可能性があります。この点に気をつけながら動詞のアクセントを教えるためには、現場では次のどちらかの方法をとることができるでしょう。

1. 教科書本文や練習に使う動詞はマス形でも、単語リストでは動詞の辞書形も示し、そこにアクセント型を書いておく。
2. マス形を使っている間はアクセント型の違いに触れないで、テ形、ナイ形、辞書形などの形が出てきた段階ではじめてアクセント型の違いに注意を向けさせる。そのほかの主な活用形は、次のようになります。

〈テ形／タ形〉

平板型：〜て	(例) して あそんで いって つかって ねて	🔊
起伏型：〜˺●て	(例) き˺て た˺べて み˺て か˺いて あつま˺って と˺おって か˺えって	🔊

（2拍の動詞は、●˺て／辞書形で後ろから3拍目に核がある動詞は、〜˺●●て）

〈ナイ形〉

平板型：〜ない	(例) しない あそばない いわない つかわない ねない	🔊
起伏型：〜˺ない	(例) こ˺ない た˺べない み˺ない か˺かない あつま˺らない とお˺らない かえ˺らない	🔊

〈仮定形（バ形）〉

平板型：〜ば	(例) すれ˺ば あそべ˺ば いえ˺ば つかえ˺ば ねれ˺ば	🔊
起伏型：〜˺●ば	(例) く˺れば た˺べれば み˺れば か˺けば あつま˺れば と˺おれば か˺えれば	🔊

（辞書形で後ろから3拍目に核がある動詞は、〜˺●●ば）

〈意向形〉

平板型：〜˺う	(例) しよ˺う あそぼ˺う いお˺う つかお˺う ねよ˺う	🔊
起伏型：〜˺う	(例) こよ˺う たべよ˺う みよ˺う かこ˺う あつまろ˺う とおろ˺う かえろ˺う	🔊

〈可能形、使役形、受身形〉

平板型：　〜る	(例) される いえる いわれる つかえる つかわれる ねられる	🔊
起伏型：　〜˺る	(例) こられ˺る たべられ˺る みられ˺る かけ˺る かかれ˺る とおれ˺る とおられ˺る かえれ˺る かえられ˺る	🔊

このように、動詞はそれが起伏型か平板型のどちらのグループのものかということを覚えれば、活用形も含めてそのアクセントのパターンがわかります。

やってみましょう

《練習37》 →〈解答・解説編へ〉

動詞の辞書形を見て、それぞれの活用形にアクセントの記号を書いてください。それから、解答を見ながら、音声を聞いてください。

1. 飲む（の゛む）： のみます のみました のんで のまない のめば のもう のめる
2. 買う（かう）： かいます かいました かって かわない かえば かおう かえる
3. 作る（つく゛る）： つくります つくりました つくって つくらない つくれば つくろう つくれる
4. 行く（いく）： いきます いきました いって いかない いけば いこう いける
5. 起きる（おき゛る）： おきます おきました おきて おきない おきれば おきよう おきられる
6. 入る（は゛いる）： はいります はいりました はいって はいらない はいれば はいろう はいれる

（2）イ形容詞のアクセント

イ形容詞も動詞と同じように、2種類のグループに分けられます。アクセントの下がり目がない「平板型」と、下がり目がある「起伏型」です。辞書形では、平板型は下がり目がなく、起伏型は「～゛い」のように「い」の前に下がり目があります（*4）。

平板型イ形容詞〈アクセント核がない＝下がり目がないイ形容詞〉

あかい（赤い）	あかるい（明るい）	あまい（甘い）	あぶない（危ない）	おいしい
おそい（遅い）	おもい（重い）	かるい（軽い）	くらい（暗い）	
とおい（遠い）	むずかしい（難しい）	やさしい		…など

起伏型イ形容詞〈アクセント核がある＝下がり目があるイ形容詞〉

あお゛い（青い）	うるさ゛い	おおき゛い（大きい）	から゛い（辛い）	かわい゛い
きたな゛い（汚い）	くろ゛い（黒い）	さむ゛い（寒い）	しろ゛い（白い）	すずし゛い
たのし゛い（楽しい）	ちいさ゛い（小さい）	ちか゛い（近い）	なが゛い（長い）	はや゛い（早い）
ひく゛い（低い）	ひろ゛い（広い）	ふと゛い（太い）	みじか゛い（短い）	やす゛い（安い）
わか゛い（若い）	わる゛い（悪い）			…など

99

整理しましょう

イ形容詞の活用形のアクセントを見てみましょう。

イ形容詞の活用形は、次のようなアクセントになります。

平板型	〜い（名詞）　〜い。　〜˺いです　〜く　　〜˺くて　　〜˺かった
起伏型	〜˺い（名詞）　〜˺い。　〜˺いです　〜˺●く　〜˺●くて　〜˺●かった

（例）

平板型	あかいさかな　これはあかい。　あか˺いです　あかく　　あか˺くて　あか˺かった 🔊
起伏型	しろ˺いさかな　これはしろ˺い。　しろ˺いです　し˺ろく　し˺ろくて　し˺ろかった 🔊

イ形容詞も動詞と同じように、それが起伏型か平板型のどちらのグループのものかということを覚えれば、活用形も含めてそのアクセントのパターンがわかります。

やってみましょう

もし日本人が近くにいる場合、上で説明したイ形容詞のアクセントのリスト（ただしアクセントの記号が書いていないもの）を読んでもらってみてください。そのアクセントは、上で説明したアクセント型と同じでしたか？　違いましたか？

イ形容詞のアクセントは、今だんだん変わってきています。上で説明したようなアクセントがこれまでのものでしたが、最近では下のような発音もよく聞かれるようになりました。

平板型	〜い（名詞）	〜˺い。	〜˺いです	〜く	〜˺くて	〜˺かった
起伏型	〜˺い（名詞）			〜˺く		

（例）

平板型	あかいさかな　これはあか˺い。　あか˺いです　あかく　　あか˺くて　あか˺かった 🔊
起伏型	しろ˺いさかな　これはしろ˺い。　しろ˺いです　しろく　しろ˺くて　しろ˺かった 🔊

これを見ると、イ形容詞は平板型と起伏型の違いが少なくなってきたということがわかります。特に若い人の発音は、この新しいアクセントで発音されることが多く、将来はこれが一般的なアクセントになると考えられます。

　ただし、活用形を上のように発音する人も、名詞を修飾する場合と、「〜く」のときには、平板型と起伏型のアクセントの違いがあるのが普通です。また、テレビなどのマスコミや、教科書付属の音声などでは、従来のアクセント型で発音しています。そのため、まだ「イ形容詞のアクセント型は1つ」であるとまでは言えません。ただし、最近の調査では、若い人は名詞を修飾するときも「〜く」のときも、平板型と起伏型の区別なく「〜￣い○○」「〜￣く」というアクセントを使っているという報告もあります。もう少ししたら、イ形容詞はアクセント型の区別がなくなってしまうかもしれません。

　現在の段階では、教師としては、イ形容詞には伝統的なアクセント型と新しいアクセント型があるということを知っておいたうえで、学習者に合わせて、どちらをどの程度教えるかを判断していけばよいでしょう。

(3) 複合語のアクセント

　日本語では、単語のアクセントは単語ごとに決まっているので、これが前後の環境によって変化することはほとんどありません。しかし、単語が組み合わさって複合語になるときは、新しい単語になりますので、アクセントの位置が変わります。複合語のアクセントはどのような規則で決められるのか、考えましょう。

考えましょう

【質問37】
下のリストを見て、複合語のアクセントの規則を考えてください。もとの単語のアクセントと、新しくできた複合語のアクセントは、どのような関係でしょうか？

(A) 🔊
フランス ＋ りょ￣うり ＝ フランスりょ￣うり（フランス料理）
タ￣イ ＋ りょ￣うり ＝ タイりょ￣うり（タイ料理）
オレ￣ンジ ＋ ジュ￣ース ＝ オレンジジュ￣ース（オレンジジュース）

101

(B) 🔊

けっこん ＋ きね⌐んび ＝ けっこんきね⌐んび（結婚記念日）

じ⌐どう ＋ としょ⌐かん ＝ じどうとしょ⌐かん（児童図書館）

きたう⌐らわ ＋ じむ⌐しょ ＝ きたうらわじむ⌐しょ（北浦和事務所）

(C) 🔊

ゆき⌐ ＋ おんな⌐ ＝ ゆきお⌐んな（雪女）

は⌐る ＋ やすみ⌐ ＝ はるや⌐すみ（春休み）

(D) 🔊

やすみ⌐ ＋ じかん ＝ やすみじ⌐かん（休み時間）

わ⌐せだ ＋ だいがく ＝ わせだだ⌐いがく（早稲田大学）

きょういく ＋ じっしゅう ＝ きょういくじ⌐っしゅう（教育実習）

　まず、複合語のアクセント核はすべて、後ろにくる単語の部分に置かれていることがわかると思います。複合語では、前にくる単語のアクセント核はなくなってしまいます。

　それでは、後ろの単語の部分のどこに、複合語になったときのアクセント核がくるのでしょうか。これは、もとの名詞のアクセント型によって決まります。

　(A)は、後ろにくる名詞がもとは頭高型、(B)は中高型です。この場合、複合語になったときのアクセント核は、後ろの単語のもとのアクセント核の位置と同じです。

　これに対し、(C)は後ろの部分の名詞がもとは尾高型、(D)は平板型です。この場合は、複合語のアクセント核は、後ろの単語の部分の最初の拍に移動します。

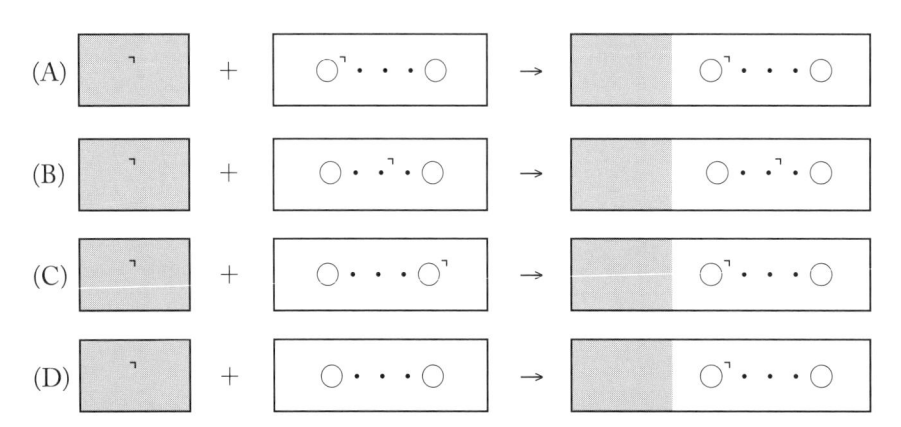

　同じことを、「複合語のときは、後ろの単語の部分の最初の拍にアクセント核がくるが、後ろにくる単語が中高型のときだけ、そのアクセント核の位置は変わらない」と説明することもできるでしょう。

複合語は、アクセントの勉強をきちんとしている人ほど、もとの名詞のアクセントのままで発音してしまうことがあります（例：×わせだだいがく で勉強しています）ので、注意しましょう。

4-6. アクセントを教える？ 教えない？

ふり返りましょう

> 【質問38】
> 日本語のアクセントについて、これまで自分がどのように習ってきたか、どのように教えてきたかについて考えてください。これまで、日本語のアクセントについて、習ってきましたか？ 今、自分の学習者に、アクセントを教えていますか？

　この質問については、答えは人によって、国によって違うと思います。「アクセントについては全然教えてもらわなかった」という人もいるでしょうし、たとえば日本の大学で勉強した人の中には「習ってきました」という人もいるでしょう。また教えているかどうかも、まったく教えていない人、「橋」と「箸」のようなアクセントの区別があるということを簡単に説明する人、学習者に単語のアクセントを意識させている人と、さまざまだと思います。

　しかし、世界の日本語教育現場では、一部の地域を除くと、日本語のアクセントを教えることは、あまり重視されていないのが現状です。アクセントのことは全然教えていないか、もし教えている場合でも、簡単な説明をするだけで終わってしまっている場合が多く、単語ごとのアクセントまで意識して覚えさせているケースはとても少ない状況でした(*5)。

　これは、「日本語を母語としない外国人に、日本語アクセントをどう教えるか」ということが、これまであまり十分に研究されてきていないためであるとも考えられますし、また「コミュニケーション重視」の日本語教育の流れの中で、意味を伝えるということが重視され、アクセントのような「正確さ」はあまり重視されないばかりか、「アクセントのような細かいことにこだわることは、よくないことだ」という考えがあったのも事実でしょう。

考えましょう

【質問39】 →〈解答・解説編へ〉

次のような意見について、どう思いますか？　まわりの人と話し合ってみましょう。
1.「アクセントが正しくなくてもコミュニケーションには影響がないので、気にしなくていい」
2.「日本語のアクセントは地方によって違うので、無視してもいい」
3.「すべての単語のアクセントを覚えることは負担が大きく、外国人には不可能だ」

　これまで日本語教育でアクセントがあまり教えられない理由として、前述のような理由があげられることがときどきありました。たしかに、すべての学習者がアクセントについて学ばなければならないかというと、その学習目的などによっては、必ずしもそうではないかもしれません。

　しかし、教師のほうから「日本語のアクセントは気にしなくていい」と言って、何も知らない学習者からアクセントを学ぶ機会をうばってしまうことには、問題はないでしょうか。

　これまで見たように、日本語のアクセントは、母語話者と同じように発音しようと思ったら、外国人にとっては覚えるしかない性質のものでした。そのため、たとえそのときにはアクセントを学ぶ必要はなかったとしても、もし将来、その学習者が正確な日本語の発音を身につけたいと考えたとき、どうなるでしょう。そのときはもうアクセントを知らないままたくさんの単語を覚え、そこからアクセントを覚え直すには、大変な苦労をしなければならないのです。そのとき、「アクセントは気にしなくていい」と言った先生のことばを、学習者はどう思うでしょうか？

　アクセントを覚える、覚えないは最終的には学習者自身が選ぶにしても、学びたいと思う学習者がいつでも学べる環境があること、また教師としてはその希望にいつでもこたえる準備があることが、必要だと考えられます。

　海外で日本語を教えている非母語話者教師にアンケートを採ると、日本に留学や研修などで来てはじめて日本語のアクセントについて知ったという人も少なくありません。そのような外国人教師たちは、現場で「日本語のアクセントを教えたい」「大切だと思う」と思っていながら、「自分のアクセントに自信がない」「日本語のアクセントは難しい」「どう教えていいかわからない」ために、日本語アクセントを教えたくても教えられないという状況であることを述べています。

そして、なぜアクセントに自信がないのかという理由を聞かれたとき、「これまで自分が日本語アクセントについて教えてもらわなかった」「アクセントを気にしたことがなかった」「教科書や辞書にアクセントが書いていなかった」からだと多くの人が答えています(*5)。

つまり、これまでの日本語教育、特に海外の現場では、教師が日本語のアクセントを教えない→学習者が日本語アクセントについて知らない→その学習者が教師になったときに、アクセントについて教えられない→学習者が日本語アクセントについて知らない、という悪循環が続いてきたと言えます。こうした悪循環の中で、「自分はアクセントも大切だと思うし、やる気があったけれど、教えてもらえなかったから今できない、自信がない」という人が、世界にたくさんいるのが実情です。このような、アクセント教育の「悪循環」をどうやって断ち切っていくかを考えることが、これからの教師にとってはもっとも重要なことでしょう。

考えましょう

【質問40】　　　　　　　　　　　　　　　　　　　　→〈解答・解説編へ〉
もしこれまで日本語アクセントを教えていなかった場合、これからアクセントを教えるために、教師としてどんなことをすればいいでしょうか？　どんなことができるでしょうか？

世界のそれぞれの国で、アクセント教育の「悪循環」を断ち切り、日本語音声教育の現場で「アクセントを学ぶのは当たり前」という考えが普通になれば、だれもがそれほど苦労しないで日本語のアクセントを習得できるようになるかもしれません。そのためには教師としてどうすればいいのか、自分の教えている現場でこれからどのようなことができるのか、みなさんが自分の立場でそれぞれ自分のできることを、もう一度考えてみてください。

注
*1：アクセント核があるかないかの区別には「〜式」ということばを使い（「起伏式」「平板式」）、核がどこにあるかの「型」（「頭高型」「中高型」「尾高型」）と区別する場合もあります。
*2：ただし、尾高型のことばの後に「の」がついたときは例外で、「の」は下がらないで、高いままで発音されます（例：「花の色（はなのいろ⌐）」「鼻の色（はなのいろ⌐）」）。
*3：「アクセント句」「文アクセント」「続き上がり／続き下がり」など、いろいろな説明があります。
*4：「多い」と「つまらない」は例外的に「お⌐おい」「つまら⌐ない」と「〜い」の2拍前で下がります。
*5：磯村一弘（2001）『海外における日本語アクセント教育の現状』2001年度日本語教育学会秋季大会、http://isomura.org/myself/resume/2001/ など。

5 イントネーション

5-1. アクセントとイントネーション

ふり返りましょう

【質問 41】
みなさんが外国語としてはじめて日本語を聞いたときのことを思い出してください。日本語の音声は、どんな印象でしたか？（日本人の人は、まわりの外国人に聞いてみましょう）。

　日本語を勉強していない人が日本語の音声を聞いたときの感想は、「かわいい」「おもしろい」「歌みたい」「短い音が機関銃のように出てくる」など、いろいろなものがあるようです。その中で、ときどき聞かれる感想に、「日本語は全体的に平らな感じ」というのがあります。みなさんもそう思いますか？　ここで、ほかの言語と比べて聞いてみましょう。

(日本語)　日本語の発音を勉強しています。とてもおもしろいと思います。🔊

(英語)　　I'm learning Japanese pronunciation. I think it's really interesting. 🔊

(中国語)　我在学习日语的发音。我觉得很有趣。🔊

(韓国語)　일본어 발음을 공부하고 있습니다 . 아주 재미있습니다 . 🔊

　文全体がどのような音の高さの変化で発音されるかを見たとき、この高さの変化を**イントネーション**と言います。上で見たように、日本語のイントネーションは、ほかの外国語と比べると、比較的平らな感じで発音されるというのが特徴となっているようです。

　イントネーションは、その言語の発音が「自然な発音」に聞こえるためには非常に重要であると言われています。たとえば、母音や子音の発音に問題があっても、全体のイントネーションが自然であれば、母語話者が聞いたときの評価が高いと言われています (*1)。

　また、イントネーションは、文のどこを相手に最も伝えたいかとか、その文をど

んな意図で発音したかとかを表すなど、音声でコミュニケーションするときに非常に大切な役割を持っています。そのため、最近の音声教育では、1つ1つの音の発音のしかただけでなく、文全体のイントネーションをいっそう重視するようになってきました。

　この章では、日本語のイントネーションの規則を学びながら、日本語をできるだけ自然なイントネーションで発音できるような練習方法を学びます。

考えましょう

【質問42】

次の文を見てください。単語を1つ1つ区切って読んだときと、1つの文として読んだときには、全体の音の高さの変化にはどのような違いがありますか？

1A. あかい／さかな／いま˺す／しろ˺い／さかな／いま˺す　🔊
1B. 「あかいさかながいま˺す。しろ˺いさかなもいま˺す。」　🔊
2A. な˺ん／たま˺ご／かえる／たま˺ご　🔊
2B. 「な˺んのたま˺ご？ーかえるのたま˺ご。」　🔊

　前の章の「4-4．文の中でのアクセント」では、単語のアクセントの高低が、それだけ単独で発音したときと、文の中で発音されたときではどう違うかということを見ました。ここでは、文全体のイントネーションに注目して見てみましょう。

　前の章でも見たように、Aのように単語を1つ1つ区切って発音したときは、単語ごとに「低」「高」の高さのパターンがありました。これをBのように1つの文として読んだときは、単語1つ1つの高さのパターンはあまり現れず、文全体で1つのなめらかなイントネーションのまとまりになります。

　また、「なんのたまご？」という文では、最後の「ご」の部分で音の高さが上昇しているのも、単語単独で読んだときとは違う点です。このような文末の音の高さの変化も、イントネーションの一部です (*2)。

あかい／さかな／いま˺す／しろ˺い／さかな／いま˺す
あかい さかなが いま˺す。　しろ˺い さかなも いま˺す。
な˺ん／たま˺ご／カエル／たま˺ご
な˺んの たま˺ご？　　カエルの たま˺ご。

107

整理しましょう

日本語の場合、アクセントもイントネーションも音の高さの問題ですので、アクセントとイントネーションの違いがよくわからないという人がいます。ここで簡単に整理しておきましょう。

アクセント
- 1つ1つの単語ごとに、決まっている。
- 母語話者の頭の中にある。
- 単語ごとに、下がり目があるかないか、あるとしたらどこにあるかが決まっている。
- この本では、「 ˋ 」で表す。

イントネーション
- 文全体（文末も含む）に現れる。
- 形は決まっていない。実際の高さの変化として、いろいろなパターンで現れる。
- その文の単語のアクセント、文の構造、発話の意図などによって決められる。
- この本では、「⌒‿￣￣￣」のように表す。

5-2. 文のイントネーションの「ヤマ」

日本語では、文のイントネーションは、文全体で1つのなめらかなまとまりになると説明しました。では実際に文のイントネーションはどのように決められるのか、見ていきましょう。

考えましょう

【質問43】
次の文で、単語のアクセントと、文のイントネーションの形を見てください。文のイントネーションは、どのように決められているでしょうか。特に、単語のアクセントとどのような関係になっているでしょうか。考えてください。

アメリカから きま￢した。　　ブラジルから きま￢した。　　ベトナムから きま￢した。
ウクライナから きま￢した。　マダ￢ガスカルから きま￢した。　マレ￢ーシアから きま￢した。
モ￢ンゴルから きま￢した。　　タ￢イから きま￢した。　　　　ちゅうごくから きま￢した。

　これらの文のイントネーションの形を見ると、まず全体的に、1つの文のイントネーションは、1つの山の形をしていることがわかると思います。この「低→高→低」という山の形をしたイントネーションのまとまりを、イントネーションの「ヤマ」と呼びます(*3)。

　日本語の文のイントネーションの基本の形は、このように、1つの文が1つのヤマで発音されるというものです。文の中で何回も上がったり下がったりするのではなく、文全体が1つのヤマのまとまりになって、ゆるやかに変化します。そのため、日本語のイントネーションは「平らな感じ」に聞こえるのです。

　それでは、具体的にヤマの形を見ていきましょう。上にあげた例文のイントネーションを単純にして図にすると、次のように表すことができます。

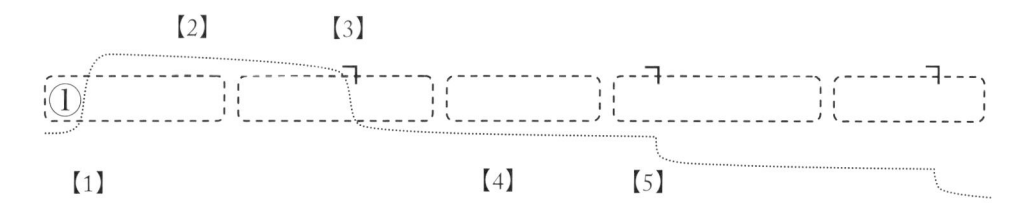

【1】まず、文のいちばんはじめで、1拍目から2拍目にかけて、低→高の上昇があります。日本語では、このようなイントネーションの低→高への上昇が、「新しく文が始まった」ということを表すとても重要な特徴になっています（ただし、文の最初の単語が頭高型のアクセントの場合、1拍目は高から始まります）。

【2】文のはじめで上昇したイントネーションは、アクセントの核（下がり目）があるまで、ずっと高いままです。平板型の単語が続くときには、イントネーションは下がりません。

【3】最初の起伏型の単語のアクセント核、つまり、文の中のいちばんはじめに出てきたアクセント核のところで、イントネーションは高→低に下がります。

【4】その後、一度下がったイントネーションは、ヤマの中では低いままです。

【5】その後、またアクセント核のある単語が出てきたら、その2つ目以降の核のところでは、少し下がります。文の終わりまで、核があるたびに、少しずつ下がっていきます。

【3】～【5】の説明でもわかるように、日本語のアクセントは、文のイントネーションの形を決めるうえで、とても大切な役割があると言えます。「アメリカからきました」「ちゅうごくからきました」は、文の意味としてはほとんど同じで、国の名前が違うだけです。しかし、「アメリカ」は平板型で核がなく、「ちゅうごく」は頭高型で「ちゅ」の後ろにアクセント核があります。こうした単語のアクセントの違いによって、文全体のイントネーションがまったく違ったものになっています。

　平板型の「アメリカ」の場合は、1拍目の「ア」から2拍目の「メ」に上がった後、「…メリカからきま˺…」まではずっと高いままです。その後「ま˺した」の「ま」にあるアクセント核で下がり、「…した」が低く続きます。

　これに対し、「ちゅ˺うごく」は「ちゅ˺」にアクセント核がある頭高型の単語なので、1拍目が高く始まり2拍目から下がります。そのまま「…うごくからきま˺…」はずっと低いまま発音され、「ま˺した」の「ま」の後で、さらに少し下がります。

　　　【2】　　　　　【3】　　　　　【1】【3】
　アメリカからきま˺した。🔊　　ちゅ˺うごくからきま˺した。🔊
　【1】　　　　　　　　【4】　　　　【4】　　　　　　【5】

　このように、イントネーションの「ヤマ」の形は、その文に含まれる単語のアクセントによって決められていると言えます。ときどき「文全体のイントネーションは大切だが、単語のアクセントはあまり大切でない」と言う人がいますが、この意見は矛盾していることがわかると思います。

整理しましょう

《イントネーションのヤマの形の規則》

(1) 文の最初は低→高。
　　（ただし、いちばん最初の拍にアクセント核があるときは、高から始まる）
(2) アクセントの核があるまで下がらない。
(3) 最初のアクセントの核で下がる（単語のアクセントはヤマの形を決める）。
(4) 2つ目の核からは、そのたびに少しだけ下がる。
(5) 「ヤマ」の中では、一度下がったら、上がらない。

やってみましょう

《練習 38》　　　　　　　　　　　　　　　　　　→〈解答・解説編へ〉

それぞれの文で、単語のアクセントに注意しながら、文のイントネーションの記号を書く練習をしましょう。次の文は、どのようなイントネーションで発音されるでしょうか。単語のアクセントの記号を見ながら、イントネーションの「ヤマ」の線を書いてください。

1. よこはまに す﹅んでいま﹅す。　　2. よこはまで はたらいていま﹅す。
3. きた﹅うらわに す﹅んでいま﹅す。　4. きた﹅うらわで はたらいていま﹅す。
5. せ﹅んだいに す﹅んでいま﹅す。　　6. せ﹅んだいで はたらいていま﹅す。

7. とても おもしろ﹅いと おもいま﹅す。
8. あの おみせに はいりましょ﹅う。
9. ど﹅んな ふく﹅を きて いこ﹅うか。
10. ひじょうに きょうみぶか﹅い けっかが でま﹅した。

《練習 39》 🔊

次に、上の 1〜10 の文を、イントネーションの線を見ながら聞いてみましょう。その後、線を見ながら音に合わせて自分で発音してみましょう。

　外国人学習者にとって、日本語のイントネーションのうち、特に 6、9 の文のように、ずっと低いままの発音が続く文や、逆に 2、8 の文のように、ずっと高いままで発音される文が、難しいことが多いです。1 つの「ヤマ」としてその高さを保つことができず、途中で高くなったり低くなったりしてしまう傾向があります。できるだけ同じ高さで「平ら」なヤマを作れるように練習しましょう。

考えましょう

【質問 44】

上の説明では、「文の最初では低→高に上昇する」と述べました。それでは次の文について、文の最初の部分に注目して聞いてください。A、B、C の文では、文の最初の部分の上昇は、同じですか？　違いますか？

1A. よこはまからきま＾した。 🔊　1B. とうきょうからきま＾した。🔊　1C. しんじゅくからきま＾した。🔊
2A. マレーシアで＾す。🔊　　　2B. オーストラ＾リアで＾す。🔊　　2C. シンガポ＾ールで＾す。🔊

　Aの「よこはま」「マレーシア」では、1拍目から2拍目の低→高への上昇がわかったと思います。これに対して、B、Cの「とうきょう」「オーストラリア」「しんじゅく」「シンガポール」では、低→高に上昇するというよりも、高→高のようにはじめから高く始まったように聞こえた人も多いのではないでしょうか。

　B、Cそれぞれの2拍目の文字に注目してください。Bでは2拍目が長音、Cでは2拍目が「ン」の音になっています。日本人の日常的な発音では、2拍目が長音や「ン」の場合には、「高→高」のように、はじめから高く発音されるのが普通です (*4)。

　そのため、いつも「文のはじめでは低→高に上昇する」と説明すると、耳のいい学習者や、特に声調言語を母語とする学習者などは、この違いを聞き取り、「"よこはま"と"とうきょう"でははじめの部分のイントネーションが違う」「説明と実際の音の高さが違う」と混乱してしまうことがあります。

　この説明としては、「文のはじめには低→高の上昇があるが、2拍目に長音や"ン"があるときは、普通の会話でははじめの2拍が1つのまとまりになって、高→高のように発音される」などと言えばよいでしょう。

　この本では、上に述べたような学習者の混乱をできるだけ避けるため、実際の会話の発音に近づけて、次のように表して区別することにします。

よこはまからきま＾した。　　とうきょうからきま＾した。　　しんじゅくからきま＾した。
マレーシアで＾す。　　　　　オーストラ＾リアで＾す。　　　シンガポ＾ールで＾す。

5-3. 文のフォーカスと、複数の「ヤマ」

　これまで、「1つの文にはイントネーションのヤマが1つ」と説明してきました。しかし、これはあくまで日本語の文の「基本的な」イントネーションであると考えます。実際の日本語の文では、1つの文の中で、1つではなく「複数のヤマ」が現れることがあります。

考えましょう

【質問45】
次の文で、AとBの文のイントネーションの形を比べてください。ヤマの数は、それぞれいくつありましたか？

1A. 京都へ行きます。 🔊　　　1B. 京都へは行きません。 🔊
2A. 北海道から来ました。 🔊　　2B. 北海道から昨日来ました。 🔊
3A. 質問があります。 🔊　　　　3B. 質問が3つあります。 🔊

　Aの文では、これまで見てきた文のように、文のイントネーションは1つのなめらかなヤマになっていました。これに対して、Bの文では、それぞれ「行きません」「昨日来ました」「3つあります」の部分が「京都へは」「北海道から」「質問が」の部分とは別のヤマになって発音され、文全体ではイントネーションのヤマの数が2つになっているのがわかったと思います。

〈ヤマ1つ〉　　　　　　　　　　〈ヤマ2つ〉

きょうとへ いきます。　　　　　きょうとへは いきません。

ほっかいどうから きました。　　ほっかいどうから きのう きました。

しつもんが あります。　　　　　しつもんが みっつ あります。

　それでは、どんなときにイントネーションのヤマの数が増えるのでしょうか。Bの文の中で、それぞれ「いきません」「きのう」「みっつ」の部分は、文の中でどんな役割になっているか、考えてみましょう。
　これらの部分に共通するのは、これらの部分が新しい情報を持っていて、話し手が聞き手に伝えたい部分であるということです。つまり1Bの文では、聞き手の「京都に行きますか、行きませんか？」という興味に対して、話し手は「行きません」という、これまで聞き手が知らなかった新しい情報を与えていると考えられます。同様に、2Bの文では、北海道から来たのは今日ではなくて「昨日」来ました、と

113

いう情報を、3Bの文では、質問は1つや2つではなく「3つ」あります、という情報を、聞き手にいちばん伝えたいと考えられます。

このように、これまで聞き手の知らなかった新しい情報を持ち、話し手が聞き手に文の中でいちばん伝えたい部分のことを、文の**フォーカス**と言います。そして、日本語のイントネーションでは、文の途中にフォーカスがあるとき、その部分から「イントネーションのヤマを新しく始める」という決まりがあります。そのため、1つの文の中ではイントネーションのヤマが複数できることになります。

なお、それぞれのヤマの形は、前に説明した「イントネーションのヤマの形の規則」によって決められます。

整理しましょう

《イントネーションのヤマの数の規則》
(1) 基本的には、1つの文には1つのヤマ。
(2) 文の途中にフォーカスがあるときは、そこから新しくヤマを始め、ヤマの数が増える。

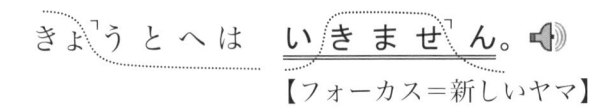

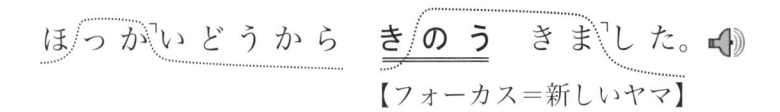

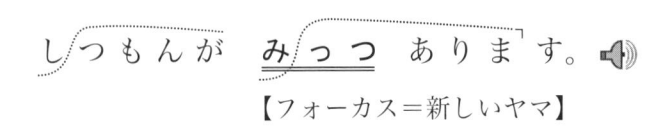

きょうとへは いきません。
【フォーカス＝新しいヤマ】

ほっかいどうから きのう きました。
【フォーカス＝新しいヤマ】

しつもんが みっつ あります。
【フォーカス＝新しいヤマ】

やってみましょう

《練習40》
文の途中にフォーカスが置かれてヤマが複数になる文を、練習してみましょう。
(1) まず、文を見て、その文の中でどの部分を相手にいちばん伝えたいか、フォーカスの位置を考えましょう。
(2) 単語のアクセントの位置と、フォーカスを考えながら、文にイントネーショ

ンのヤマの線を書きましょう。
(3) 音声を聞いてみましょう。それから、自分が書いた線と違うところをチェックしましょう。
(4) 音声といっしょに、自分で発音してみましょう。

> 私はイギリスから来たエリンです。日本のことをたくさん勉強したいと思います。どうぞよろしくお願いします。

1.「わたしは イギリスから き｢た エ｢リンです。」

　　自己紹介の言い方です。ここで相手に伝えたい新しい情報は、自分の国と、名前でしょう。そのため、文のフォーカスは「イギリス」と「エリン」にフォーカスがあると言えます。

わたしは イギリスから き｢た エ｢リンで｣す。

　　イントネーションのヤマは、フォーカスの置かれた「イギリス」と「エリン」の2カ所で、新しいヤマが始まります。

わたしは イギリスから き｢た エ｢リンで｣す。 🔊

　　1つの文の途中に、相手に伝えたいフォーカスの部分が2カ所あると、イントネーションのヤマは3つになります。

2.「にほんの こと｢を たくさん べんきょうした｢いと おもいま｣す。」

　　この文では、相手に伝えたい情報は、「日本」のことを「たくさん勉強し」たい、という部分です。そのためその部分でヤマが新しくなるので、イントネーションは

にほんの こと｢を たくさん べんきょうした｢いと おもいま｣す。 🔊

のように2つのヤマになります。「思います」の部分はフォーカスがないので低いままです。

3.「どうぞ よろしく おねがいします。」

　決まった言い方のあいさつ文ですが、この文の中では相手にいちばん言いたいのは、「よろしく」であると考えられるでしょう。そのため、イントネーションはそこの部分で新しいヤマになり、

どうぞ **よろしく** おねがいします。🔊

というヤマ2つのイントネーションで発音されます。

👤 考えましょう

> 【質問 46】
> 次の「中学校で日本語を教えています。」という文は、文脈によってイントネーションがどう違ってくるでしょうか？　上の規則を見ながら、イントネーションのヤマの形を考えてください。その後、実際の発音を聞いて、自分の予想と比べてみてください。

　A：（いろいろな人が集まるパーティーで、「お仕事は何ですか？」と聞かれて）
　　「中学校で日本語を教えています。」🔊

　B：（日本語教師の集まる学会で、「大学の先生ですか？」と聞かれて）
　　「中学校で日本語を教えています。」🔊

　まずそれぞれの文章で、フォーカスがどこにあるかを考えてみましょう。Aの場合は、聞き手は話し手の仕事について、まだ全然知りません。そのため、「中学校」も、「日本語を教えて」いることも、聞き手にとっては新しい情報です。この部分を相手に教えたいのですから、フォーカスは両方にあります。
　Bの場合は、聞き手はもう話し手が日本語の教師であることは知っていて、どこで教えているかについて知りたいと思っています。その答えが「中学校で」ですから、ここが新しい情報としてフォーカスが置かれます。「日本語を教えて」いることはもう言わなくてもいい古い情報ですから、フォーカスはありません。
　以上のことを、上で説明した「規則」とあわせて考えてみましょう。Aの文では、「中

学校」にも「日本語を教えて」にもフォーカスがありますので、2つヤマになります。それに対してBでは、「日本語を教えて」の部分にはフォーカスがありませんので、イントネーションのヤマは新しくならないで、1つのヤマとして発音されます。

1A：お仕事は何ですか？
ちゅうがっこうで にほんごを おしえています。🔊

1B：大学の先生ですか？
ちゅうがっこうで にほんごを おしえています。🔊

このように、同じ文でもどこを相手にもっとも伝えたいかというフォーカスの違いによって、イントネーションのヤマの形が違ってくることがわかります。

次に、同じ文脈ですが、アクセントが違う単語からなる文の場合も見ていきましょう。

2A：お仕事は何ですか？
だいがくで にほんごを おしえています。🔊

2B：中学校の先生ですか？
だいがくで にほんごを おしえています。🔊

この場合も、Aのときは文の途中の「日本語を教えて」の部分にフォーカスがあるので、そこで新しいヤマが始まってヤマ2つの文になりますが、Bでは文全体が平らな1つのヤマのまとまりになります。

前の文と違うのは、「中学校」がアクセントの下がり目のある中高型の単語だったのに対して、「大学」はアクセントの下がり目のない平板型の単語であるという点です。このような平板型の単語に続く場合、Aでは「にほんご」の「に」が低く発音された後、「に」から「ほ」の部分で低→高への上昇がつけられ、これが新しいヤマが始まったことの手がかりになっています。これに対して、Bではこの部分はヤマの一部としてずっと高いままで発音されています。

3A：お仕事は何ですか？

ちゅうがっこうで かがくを おしえています。🔊

3B：（化学の先生が集まる学会で）大学の先生ですか？

ちゅうがっこうで かがくを おしえています。🔊

　この文の「化学」は「日本語」と違って、1拍目にアクセント核のある頭高型の単語です。この場合も同じように、Aはヤマ2つ、Bはヤマ1つになります。

4A：お仕事は何ですか？

だいがくで かがくを おしえています。🔊

4B：中学校の先生ですか？

だいがくで かがくを おしえています。🔊

　この文でも同じように、Aはヤマ2つ、Bはヤマ1つです。ただし、「大学」は平板型のため下がり目がなく、そのまま頭高型の「化学」が続きますので、「化学」の部分から新しいヤマが始まったことをわからせるためには、上のように、「化学」の1拍目の「か」を「大学で」の「で」よりもさらにもう1段階高いところから始めます。このように、下がり目のないヤマの後で、頭高型の単語で始まる新しいヤマが始まるときは、もう1段階高いところからヤマを始めます。

　また、文のフォーカスのうち、対比などである部分を特に強調して言いたい場合、新しくヤマを始めるだけでなく、そのヤマをもう1段階高く発音することによって、強調を表すことができます。次のAとBでは、「北海道」の部分にフォーカスがあるのは同じですが、Bではそれを特に強調して言っています。

5A：普通の自己紹介

わたしは ほっか￢いどうから きま￢した。🔊

5B：「あなたも沖縄からでしたっけ？」と聞かれて

わたしは ほっか￢いどうから きま￢した。🔊

　フォーカスのある部分が、イントネーションのつけ方などによって、ほかの部分よりも音声的に目立って聞こえることを、その部分に**プロミネンス**があると言います（日本語で「**卓立**」と言うこともあります）。日本語では、プロミネンスはこれまで見たように、主にイントネーションのヤマを新しく始めることによって表します。しかしときには、その部分を強く言ったり、長くのばしたり、声の音色を変えたりすることなどでも表すことができます(*5)。

5-4. 意味のまとまりと「ヤマ」

考えましょう

【質問47】
次のそれぞれの文は、2通りの意味に解釈することができます。どのような意味とどのような意味でしょうか。またそのとき、イントネーションにはどのような違いがあるでしょうか。

(1) 昨日なくしたかぎが見つかりました。
(2) 日本にいる友人のお母さんが送ってくれました。

(1) 昨日なくしたかぎが見つかりました。
　　　A. 《昨日なくしたかぎ》が見つかりました。
　　　　　→なくしたのは昨日です。見つかったのは今です。
　　　B. 昨日《なくしたかぎ》が見つかりました。
　　　　　→見つかったのは昨日です。なくしたのはもっと前です。

119

Aの意味の場合、フォーカスが置かれるのは、「昨日なくしたかぎ」というまとまり全体ですから、イントネーションはこの部分で1つのヤマになります。「見つかりました」にもフォーカスがあると考えると、文のイントネーションのヤマは全部で2つになります。

　これに対してBの意味の場合、話し手が伝えたいのは、「なくしたかぎ」というまとまりです。フォーカスはこの部分に置かれますので、イントネーションはその場所で新しいヤマになります。

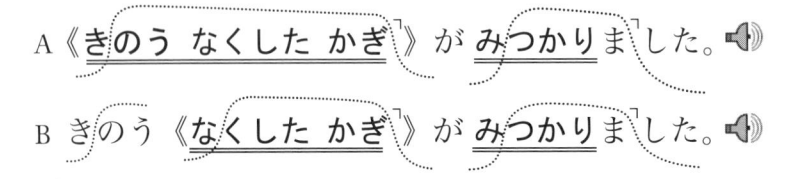

A 《きのう なくした かぎ》が みつかりました。🔊

B きのう 《なくした かぎ》が みつかりました。🔊

(2) 日本にいる友人のお母さんが送ってくれました。

　　A. 《日本にいる友人》のお母さん

　　　　→日本にいるのは友人です。

　　B. 日本にいる《友人のお母さん》

　　　　→日本にいるのは友人のお母さんです。

　Aの場合は、まず「日本にいる友人」のまとまりにフォーカスが置かれます。それから「お母さん」も新しい情報ですから、ここにも別のフォーカスが置かれ、新しいヤマになります（「送ってくれました」にフォーカスがあるかどうかは、文脈で違います。ここではフォーカスがない場合を考えます）。

　Bの場合は、まず「日本にいる」というまとまりにフォーカスが置かれます。それから「友人のお母さん」という部分のまとまりに別のフォーカスが置かれ、新しいヤマになります。イントネーションは、以下のようになります。

A 《にほんに いる ゆうじん》の おかあさんが おくって くれました。🔊

B にほんに いる 《ゆうじんの おかあさん》が おくって くれました。🔊

　以上のように、フォーカスが置かれている意味のまとまりがどこからどこまでかということを、イントネーションのヤマの違いによって区別することができます。これによって、文の構造を区別したり、ある単語がどこを修飾しているかなどを示

したりすることができます (*6)。

　上のような文を区別する場合、イントネーションのヤマだけではなく、意味のまとまりの切れ目に**ポーズ**を入れることによって、もっとはっきり違いを区別することができます。ポーズというのは、文を続けて発音しないで、音がない部分を少しだけ入れて文を区切ることです。新しく始まるヤマの前にポーズを入れると、よりはっきりと意味のまとまりが切れていることを示すことができます。

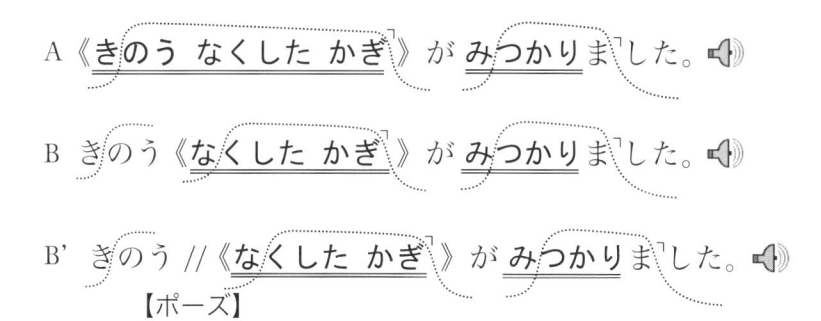

A 《きのう なくした かぎ》が みつかりました。🔊

B きのう《なくした かぎ》が みつかりました。🔊

B' きのう //《なくした かぎ》が みつかりました。🔊
　　　　【ポーズ】

　逆に、Aの文のように、1つのヤマで発音される意味のまとまりは、間にポーズを入れないで、続けて発音しなければなりませんから、注意してください。

5-5. 文末のイントネーション

考えましょう

【質問48】　　　　　　　　　　　　　　　　→〈解答・解説編へ〉
次の「休む」ということばのいろいろな言い方を聞いてください。それぞれ、どんな意味で言われているでしょうか？

1.🔊 2.🔊 3.🔊 4.🔊 5.🔊 6.🔊 7.🔊 8.🔊 9.🔊 10.🔊

　日本語の文末のイントネーションが何種類あるかは、研究者によって分け方が違います (*7)。しかし、上で見たように、実際の文末イントネーションは、いろいろな要素を変えることで、とても多くの感情や意味を区別しています。文末が上がるか上がらないか、音の高さがゆっくり変化するか早く変化するか、高さの変化の幅が大きいか小さいか、全体的な高さが高いか低いかなどによって、いろいろな言い方ができます。このたくさんあるイントネーションの違いを、研究者によってそれ

それがわかりやすいようにグループ化していると言えます(*8)。

　以上のような理由から、日本語の文末イントネーションを勉強するときは、「日本語の文末イントネーションは何種類ある」とか、「このイントネーションは何型のイントネーションか」とかには、あまり深くこだわらなくてもいいでしょう。

　この本では、日本語の文末イントネーションのうち、特に純粋に文末の特徴として学習者が区別しなければならないものを、2種類に分けて考えることにします。「上昇（上がる）」と「非上昇（上がらない）」のイントネーションです。

　上昇イントネーションの代表的なものは、聞き手からの答えを期待する疑問文を表すものですが、そのほかにも、聞き手に確認したり、聞き手に呼びかけたりするときなど、相手に働きかけたり、相手からの答えを期待するときに使われます。逆に、非上昇イントネーションは、それ以外の平叙文などに使われます。たとえば次の「そうですか」は、上昇調で言うと、相手に質問している意味になり、非上昇調で言うと、自分が納得している意味になります。

A：あの授業、つまらないですね。
B：そうですか？　私は好きですよ。🔊

A：しめ切りは昨日でしたので、もう受け付けられません。
B：そうですか。しかたがありませんね。🔊

　単語を上昇調で言うと、質問になります。

A：これ何の絵？　いぬ？
B：うん、いぬ。🔊

　このように、日本語では質問のときは上昇調のイントネーションで言うのが普通です。もし質問なのに上昇調で言わなかったら、質問ではなく別の意味になりますので注意しましょう。

A：先生、質問があります。
B：なんですか？🔊（どうぞ、質問してください。）

A：先生、質問があります。

B：な＼ん＼です＼か。🔊（うるさい。いま説明しているんだから、静かにしなさい。）

　終助詞の「ね」は、相手に同意を求めたり、確認したりするときに使いますので、ほとんどの場合、上昇調で発音されます。普通は少しだけ上昇しますが、相手の答えがほしいときは大きく上昇します。

きょ＼うは あつ＼いですね。🔊　　ほんとうに それで い＼いんですね？🔊

　終助詞「よ」がつくときは、上昇するときとしないときがあります。聞き手が知らないことを教えてあげたいときは、上昇のイントネーションになります。

ほんとう なんです＼よ。🔊　　おとしものです＼よ。🔊

　日本語では、この文末のイントネーションの上昇は、最後の拍に現れます。文全体のイントネーションのヤマの形は、疑問文でも「イントネーションの規則」により決められたとおりですから、アクセントの核があるところでは上昇のイントネーションがあっても必ず下がります。疑問文では、文末の、最後の拍の中だけで上がり、文全体が上昇調になるのではないので注意してください。

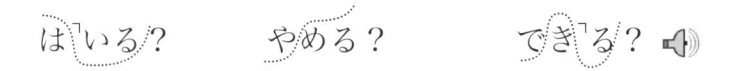

は＼いる？　　やめる？　　で＼きる？🔊

整理しましょう

> **《文末イントネーションの規則》**
> 質問、確認など、相手の答えや反応を期待するときは、文のいちばん最後の拍で上昇する。

　文末の上昇イントネーションは最後の拍に現れますから、文の最後から2番目の拍にアクセントの核がある場合、特に注意が必要です。アクセント核で下がる形は変えないで、すぐに最後の拍で上がります。最後の拍が特殊拍のときも同じ形です。このような場合、最後の拍は少しのびることもあります。

やってみましょう

《練習41》
はじめに、文末に注意しながら音声を聞いてください。それから、アクセントの下がり目を変えないように文末を上昇イントネーションで発音してみてください。

な\`に？　　い\`い？　　そ\`う？🔊

おも\`ちゃ？　にほ\`ん？　きょうか\`しょ？　じょうだ\`ん？🔊

これ、た\`べる？　　ちょ\`っと へ\`ん？　　ど\`の ほ\`ん？🔊

ふり返りましょう

【質問49】　　　　　　　　　　　　→〈解答・解説編へ〉

自分が教えている学習者の母語、または自分の母語では、質問のときにはどんなイントネーションになりますか？　たとえば、次の文を翻訳して、比べてみてください。また英語、ロシア語の例を聞いて、比べてみてください。

（日本語）「どこに住んでるの？　日本？」「うん、日本。」🔊

（英語）"Where do you live? In Japan?"　"Yes, in Japan."🔊

（ロシア語）"Где ты живёшь? В Японии?"　"Да, в Японии."🔊

　このように、質問のイントネーション1つを取ってみても、言語によっては文末が上昇しなかったり、上昇のしかたが違ったりすることがわかります。ときどき「世界の言語では、イントネーションは共通」という考え方をする人もいますが、必ずしもそうではありません。イントネーションの形と、それが表す意味は、やはり言語によって異なっているのです。日本語を教えるときも、「質問のときに文末を上げるなんて、言わなくてもわかるだろう」などのように考える人がいますが、それはまちがいであると言えます。イントネーションを教える場合には、日本語と学習者の母語には、イントネーションがどのように違うかを考えながら指導する必要があると言えるでしょう。

考えましょう

【質問50】 →〈解答・解説編へ〉

次のエピソードも、本当にあった話をもとにしています。発音の問題のために何か誤解があったようですが、この誤解の原因は何でしょうか。また、このエピソードからどんなことが言えるでしょうか。考えてください。

私は中国からの留学生です。日本語もだいぶ上手になったので、中華料理の店でアルバイトをしました。でも、働きはじめてからすぐに、「態度が悪い」という理由でクビになってしまいました。店の人から呼ばれたときに「何ですか」と答えていたのが、よくなかったらしいです。

この例で重要なことは、イントネーションの誤りは、コミュニケーションにおいて、ほかの「発音の誤り」とは違った誤解を生む可能性があるという点です。上で述べたように、「イントネーションは世界の言語に共通」であると考える人は少なくありません。そのため、母音や子音、拍の長さ、アクセントの位置などの誤りは、一般の（日本語教師ではない）日本人にとって「この人は外国人なので、まだ日本語があまり上手に発音できないのだな」と受け止めてもらえます。これに対してイントネーションの誤りは、非母語話者の発音上の問題としてではなく、その人がそのような意図で発音したと誤解して解釈されてしまうことが多くあります。このような場合、発話者はまったくそのつもりがなくても、日本人から「態度が悪い」「乱暴」などと思われてしまうことがあるのです。

上の例では、日本人がはっきりと「態度が悪い」と言ったので、誤解があることがわかりました。しかし、普段のコミュニケーションでは、相手は何も言わないまま、心の中で怒っているかもしれません。

第1章で、発音と「コミュニケーションができる」ということとの関係を見ましたが、コミュニケーションというのは「ことばの意味が伝わる」ということだけではないことがわかります。ことばの意味は伝わっていても、発音の誤りによって、発話の意図や、場合によっては人間としての性格まで誤解されてしまうとしたら、それは「コミュニケーションができている」とは言えないかもしれません。このように、日本語でスムーズなコミュニケーションをするためには、イントネーションはとても大切であることがわかると思います。

5-6. 文節末のイントネーション

考えましょう

【質問51】
次の日本人の話を聞いてください。文の途中の切れ目の部分（文節の終わり）では、どのようなイントネーションになっているでしょうか？

A. 🔊　　　B. 🔊　　　C. 🔊

　Aの話し方では、文節の終わりには特に特別なイントネーションはありませんでした。日本人の日常的な会話でも、アナウンサーの話し方などでも、日本語の場合はこのように、文節末では特別なイントネーションをつけないで、ヤマの形の規則で表されるイントネーションの形そのままで発音されるのが普通です。
　これに対し、Bの話し方では、文節の終わりにいつも軽い上昇があるのがわかったと思います。これは、**強調上昇調**と呼ばれることもあります。あらたまった場面での説明によく現れるイントネーションで、学会発表、スピーチ、報告、また日本人の教師が授業で説明するときなどに見られます。
　Cの話し方は、文節末で一度上げてから下げる形の上昇下降イントネーションで、**「尻上がりイントネーション」**などと呼ばれることもあります。あらたまった場面でも、日常会話でも、ときどき聞かれるイントネーションです。若い女性に多いと言われていますが、実際には男性も、年配の人も使うことがあります。しかし、このイントネーションを「日本語の乱れ」ととらえたり、あまりよくないイントネーションだと考える人もいます。
　学習者が教科書以外の生の日本語をいろいろ聞くようになると、BやCのようなイントネーションを含む話し方を聞く機会も多くなると思います。しかし、自分でそのように発音しようとすると、文節末がすべて疑問文のように聞こえてしまったりして不自然になる可能性が考えられます。そのため、外国人にイントネーションを指導する際は、BやCのような形は「日本人にはこのように発音する人もいる」ということを説明してもいいかもしれませんが、そのようなイントネーションで発音させる必要は特にないと考えられます。

やってみましょう

　自分の授業を録音してみましょう。録音した音声を聞いて、自分の日本語の発音は、文節末でどのようなイントネーションになっているか、気をつけて聞いてみてください。

　自分の授業での発音は、どうなっていたでしょうか？　文節の終わりで、すべて上昇するイントネーションにはなっていませんでしたか？
　外国語の教師が生徒に話すときの話し方や、外国人を相手にするときの話し方を「**ティーチャー・トーク**」または「**フォリナー・トーク**」などと呼びますが、発音の面でもっともこれが現れやすいのが、文節末のイントネーションです。ティーチャー・トークやフォリナー・トークには、できるだけやさしい語彙や文型で話したり、できるだけわかりやすい発音で話したりという積極的な意味がありますが、そのために、文節末のイントネーションが、無意識のうちに不自然な上昇イントネーションになってしまうことが、よくあります。もともと説明の文では強調上昇調のイントネーションが現れやすいですが、それに加えて、助詞をはっきり発音しようとしたり、ことばの活用部分をはっきり発音しようとしたりするために、文節の終わりの部分が日本語としては不自然なほど常に高さの変化の幅が広い上昇調で発音されてしまいます。これは、日本人母語話者教師でも、外国人非母語話者教師でも、共通して見られる傾向です。

（例）私は、昨日、飛行機で、北海道から、東京に、来ました。🔊

　日本語の場合、こうした極端な文節末の上昇は、普通の会話ではほとんど使われませんし、また学習者がこのような教師の発音をまねして、普通の文でも同様のイントネーションで発音してしまう可能性も高いと言えます。教師としては、自分の授業での日本語の発音を注意しながら、不自然なイントネーションになっていないか、また学習者がこれをまねして不自然なイントネーションで発音していないかということを、常に注意する必要があるでしょう。

やってみましょう

《練習42》
まとめとして、これまで学んだ規則を考えながら、もう少し長い会話文を自然なイントネーションで発音する練習をしてみましょう。

A：こんにちは。はじめまして、さとうです。

B：はじめまして。ヤンと もうします。どうぞ よろしく おねがいします。

A：ヤンさんは、おくには どちらですか？

B：シンガポールです。シンガポールに いらっしゃったことが ありますか？

A：いえ、ざんねんながら ありません。いってみたいと おもうんですけどね。

B：そうですか。ぜひ いらっしゃって ください。

A：ヤンさんは、にほんの りょうりは、どうですか？

B：なんでも すきです。てんぷら、さしみ、そば、すきやき。

A：なっとうは どうですか？

B：なっとうも だいすきですよ。でも にほんじんは いつも おなじことを ききますね。

---

(1) はじめに、単語のアクセントを調べて、アクセント核に「 ˋ 」の記号をつけてください。

(2) 次に、文の内容を考えて、フォーカスのある部分に ＿＿＿ を書いてください。

(3) 会話の内容を考えて、文末が上昇するところに「↗」を書いてください。

A：こんにちは。はじめまして、さとうです。

B：はじめまして。ヤンともうします。どうぞよろしくおねがいします。

A：ヤンさんは、おくにはどちらですか↗？

B：シンガポールです。シンガポールにいらっしゃったことがありますか↗？

A：いえ、ざんねんながらありません。いってみたいとおもうんですけどね↗。

B：そうですか。ぜひいらっしゃってください。

A：ヤンさんは、にほんのりょうりは、どうですか↗？

B：なんでもすきです。てんぷら、さしみ、そば、すきやき。

A：なっとうはどうですか↗？

B：なっとうもだいすきですよ↗。でもにほんじんはいつもおなじことをききますね↗。

　まず、文末を見てみましょう。疑問文のときは、文末の「か」の部分で上昇します。「ね」の文末でも上昇しますが、疑問文のときほど高くは上がりません。6行目の「そうですか」は、疑問文ではなく自分で納得する言い方なので、「か」があっても文末は上がりません。最後の行の「大好きですよ」も、相手に教えてあげる言い方の「よ」なので、文末で上昇します。

　アクセントは、「残念」のアクセントは「ざんねん」ですが、5行目「残念ながら」はこれで1つの句のまとまりとして、「ざんねんながら」というアクセントになります。「日本」のアクセントは「にほん」ですが、7行目「日本の」と「〜の」がつくときは「にほんの」と下がらない形になります（尾高型の単語と同じです）。「何でも」は、平板型「なんでも」、頭高型「なんでも」のどちらのアクセントでもいいです。

　フォーカスは、文脈や発話意図によって、上とは少し違う置き方も可能かもしれません。下から2行目「納豆はどうですか？」の「どうですか」は、疑問詞ですが、この場合は新しい情報ではなく、大切なのは「納豆は」という対比の部分のほうだと考えられますので、フォーカスは置かれません。

(4) 上で書いた情報と「イントネーションの規則」を考えながら、イントネーションのヤマの線を書いてください。

A：こんにちは。はじめまして、さとうです。

B：はじめまして。ヤンともうします。どうぞ よろしく おねがいします。

A：ヤンさんは、おくには どちらですか↗?

B：シンガポールです。シンガポールに いらっしゃった こと が ありますか↗?

A：いえ、ざんねんながら ありません。いってみたいと おもうんですけどね↗。

B：そうですか。ぜひ いらっしゃって ください。

A：ヤンさんは、にほんの りょうりは、どうですか↗?

B：なんでも すきです。てんぷら、さしみ、そば、すきやき。

A：なっとうは どうですか↗?

B：なっとうも だいすきですよ↗。でも にほんじんは いつも おなじ こと を ききますね↗。

「イントネーションの規則」を理解していれば、上のように書くことができたと思います。

(5) 上で書いたイントネーションの線を見ながら、音声を聞いてください。 🔊
(6) 音声を聞きながら、線をなぞったり、手を上下させてみたりしてください。
(7) 線に合わせて、音声を聞きながら、自分でも発音してみてください。
(8) Bの人になったつもりで、自分の名前や国などを入れて文を作って発音してください。

これまでの説明をまとめると、日本語のイントネーションには形の規則、数の規則、文末の規則がありました。それぞれの規則には、単語のアクセントと、文のフォーカス、文の構造や発話意図が関係してきました。これを図に表すと、次のようになるでしょう。

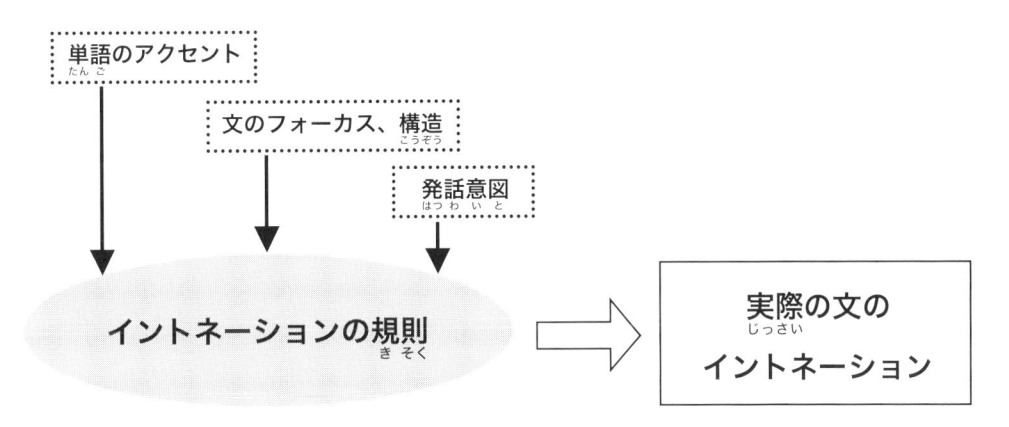

```
┌──────────────┐
│ 単語のアクセント │
└──────┬───────┘
       │    ┌──────────────────┐
       │    │ 文のフォーカス、構造 │
       │    └────────┬─────────┘
       │             │    ┌──────────┐
       │             │    │ 発話意図 │
       │             │    └─────┬────┘
       ▼             ▼          ▼
    ╭─────────────────────────────╮         ┌──────────────┐
    │   イントネーションの規則    │   ⇒    │   実際の文の  │
    ╰─────────────────────────────╯         │ イントネーション │
                                             └──────────────┘
```

　それぞれの要素が実際の文のイントネーションにどのように現れるのか、この規則を身につけることができれば、後は単語のアクセントさえわかれば、新しい文であってもどのようなイントネーションで発音すればいいかがわかります。目標となるイントネーションがわかれば、後はできるだけその通りに発音する練習をすることで、自分で日本語の文を自然なイントネーションでどんどん発音することができるようになります。

5-7. イントネーションの視覚化(しかくか)

やってみましょう

《練習43》
これまでに説明したような日本語のイントネーションを教室で練習する場合、「音を聞かせる」以外にどんな方法を使って練習することができるでしょうか?

　第4章の「アクセント」のときに、音の高低がまだよくわからない学習者のために、線を書いたり、手や頭の高低で示したりする方法を紹介しました。イントネーションの場合も、学習者は音を聞いただけでは文のイントネーションの高低がはっきりと聞き取れない場合があります。そのため、イントネーションを説明するときも、いろいろな方法でイントネーションを「見せる」ことによって、よりわかりやすく説明することができるでしょう。

a. 手を使う

　教室でイントネーションを聞かせたり、全体で練習したりするときに、イントネーションのヤマの線を手を使って示しながら、音の上下を表します。

（例）京都へ行きます。　京都へは行きません。

　なお、教室で学習者に向かって授業をする場合、教師が自分にとって、本と同じ方向でイントネーションのヤマの線の動きを左から右に動かして示すと、学習者から見ると、右から左という動きになってしまいます。これは文の書かれている方向とは逆になってしまいますから、混乱する学習者も出てきてしまうでしょう。

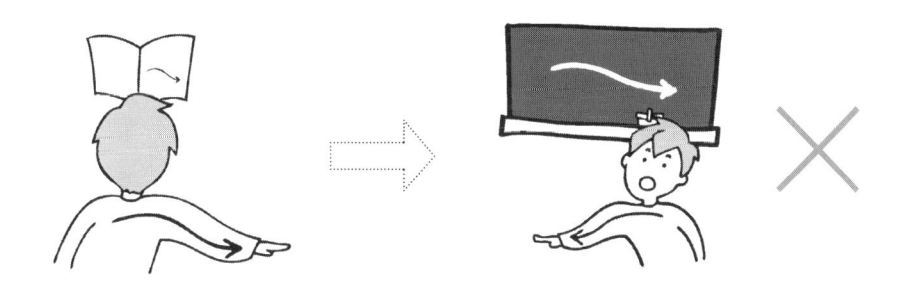

この対策としては、次のような方法があります。

A. 左手を使って、自分にとって右から左に手を動かす
B. 右手を使って、自分にとって右から左に手を動かす
C. 学習者と向き合わないで、黒板のほうを向いて手を動かす

学習者から見て文の流れと同じ方向に手が動くように注意しましょう。

《練習44》
《練習42》の会話文を、手を使って示してみましょう。

b. 線で表す

　イントネーションの声の高さの変化は、機械やコンピュータを使えば、目に見える形の線で表すことができます。次の図にある線の部分は、「なんのたまご？／カエルのたまご。」を機械で測ったときの、イントネーションの線です。声の周波数を機械で測定し、これを分析して線に表したものです。このようなものを**ピッチ曲線**と呼びます。

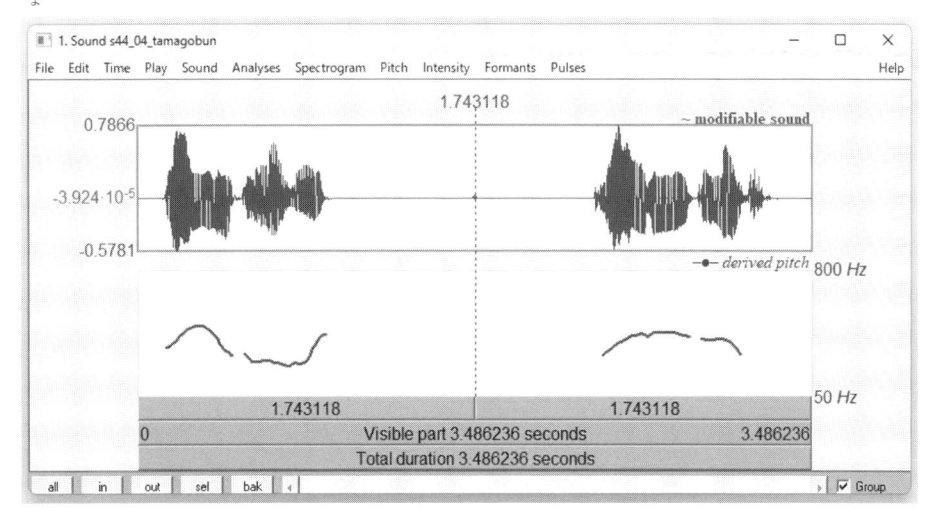

133

現在では、このピッチ曲線は、音声分析ソフトを使ってコンピュータ上で比較的簡単に得られるようになりました。このようなソフトとしては、「Praat」、「Speech Analyzer」「Wave Surfer」「WASP」などがインターネットから無料でダウンロードできます（巻末【参考文献】参照）。

このようなソフトを使えば、学習者は自分のイントネーションや、目標となる日本語のイントネーションを目で見ることができるので、学習の助けとすることができるでしょう。

なお、この本で使っているイントネーションの線は、この機械で測ったときのピッチ曲線、すなわち正確なイントネーションとは少し違い、かなり抽象的に単純化したものです。たとえば、実際のイントネーションでは、フォーカスのない部分でも、単語のはじめで目立たないぐらいの上昇が見られることもありますし、また、声のはじめは高く、終わりにいくにしたがって、だんだん低くなっていきます（これは人間の声の性質で、**自然下降**と言います）。この本のイントネーションの記述では、こうした特徴は特に表していません。

この本のイントネーションの線は、イントネーションの実際の高さを正確に表したものというよりも、学習者がこれをガイドにして「このように発音すればいい」というガイドを示したものであると考えてください。

考えましょう

【質問52】　　　　　　　　　　　　　　　　　→〈解答・解説編へ〉

次に紹介するのは、日本語の音声を図に表す方法の1つです。
(1) この図の中で、それぞれの部分が何を表しているか、考えましょう。
(2) この方法のいいところや使いにくいところについて、意見を言いましょう。

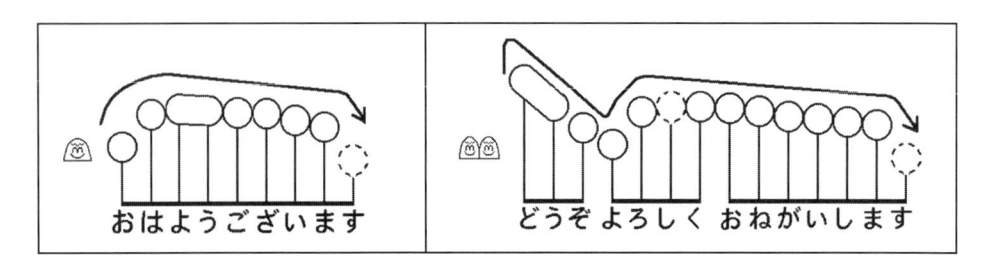

河野俊之・築地伸美・串田真知子・松崎寛（2004）『1日10分の発音練習』くろしお出版

この方法は、河野他（2004）で使われているもので、「**プロソディーグラフ**」と言います。プロソディーグラフでは、音声のいろいろな情報が、抽象化された図になって一度に表されていますので、これを見ながら発音練習をすれば、学習者は音を聞くだけでなく、目で見ながら発音の感覚を身につけることができます。プロソディーグラフは日本語の発音をわかりやすく視覚化した方法として便利な方法ですので、教師としては、音声指導法の選択肢の1つとして、知っておくとよいかもしれません。プロソディーグラフについてもっとくわしく知りたい人は、河野他（2004）を見て練習してください（*9）。

　WEB上で使える日本語発音学習ツールに、「オンライン日本語アクセント辞典OJAD」（Online Japanese Accent Dictionary）があります。OJADでは、教科書ごとに単語のアクセントを調べたり、動詞や形容詞の活用形のアクセントを調べたりすることができますが、この中の「韻律読み上げチュータ　スズキクン」を使うと、自分で入力した文に、アクセントの印を付けたうえで、イントネーションの線を視覚化して示すことができます。また、その文を読み上げた合成音を作る機能もあります。非母語話者教師や学習者が日本語の文のイントネーションを練習する場合に、参考として使うことができるでしょう。

　はじめまして、　さとうです。
　はじめまして、　佐藤です。

OJADの出力画面。http://www.gavo.t.u-tokyo.ac.jp/ojad/

考えましょう

【質問53】

イントネーションのヤマの形は、単語のアクセントが決めていることを学びました。では、次の2つの方法は、どちらがいいと思いますか？　考えてください。

A. まず単語のアクセントを練習し、その後で、それが文になったときの文のイントネーションの形を練習する。

B. まず文のイントネーションについて、ヤマの数などを大まかに説明し、単語のアクセントの違いによる文のイントネーションの形の違いは、後から少しずつ練習していく。

Aの方法は、「小から大へ」、Bの方法は、「大から小へ」の順番で練習していく方法と言えます。この2つの方法のうち、どちらがいいかは、やはり学習者の目的や考え方などによって異なるでしょう。Aは、すでに日本語のアクセントを単語ごとに意識して学んでいる学習者や、理論的な説明を好む学習者などにはいいかもしれませんし、Bは、まず全体として自然な感じで話したいという学習者や、単語のアクセントを勉強することが負担に感じる学習者などに合っているかもしれません。

　この本では、日本語のイントネーションを、これを教える教師のために理論的に説明するという目的のために、Aの順番で提出しましたが、プロソディーグラフを使った練習や、VT法などでは、Bの方法を重視していると言えます。みなさんはこうした順番にとらわれず、自分の教室の状況に合わせてどちらの方法を使ってもいいでしょう。

　しかし、いちばんいいのは、学習の初期からアクセントとイントネーションを同時に身につけていくことと言えるかもしれません。第4章でも説明したように、日本語のアクセントは意識して学ばないと身につけることができませんが、単語のアクセントに気をつけすぎて、文全体のイントネーションが不自然になってしまうのも、よくありません。単語のアクセントと文全体のイントネーションがどのように関係しているかを、両方意識しながらその結び付きを身につけていくことができれば、日本語を自然なイントネーションで発音していくことができるでしょう。そのためには、前の章でも述べたように、学習の初期からアクセントとイントネーションについて意識化させ、学習者が常にその関係を意識できるようにすることが効果的だと言えます。

注

*1：佐藤友則(1995)「単音と韻律が日本語音声の評価に与える影響力の比較」『世界の日本語教育』5、139-154

*2：広い意味で「イントネーション」と言うときは、文末も含めた文全体の高さの変化のことを指しますが、狭い意味で使うときには、この文末の音の高さの変化のことだけを指す場合もあります。

*3：ヤマの形がひらがなの「へ」に似ていることから、「**への字型イントネーション**」と呼ぶこともあります。

*4：ただし、ゆっくりと1つ1つの音を発音したり、またアナウンサーがことばをはっきり聞かせようとしてていねいに発音したりする場合は、このようなときでも低→高の上昇が現れます。

*5：この本では「フォーカス」は、意味的な、相手に最も伝えたい、新しい情報がある部分、という意味で使い、「プロミネンス」はそのフォーカスを表すために、イントネーションやその他の方法で、その部分を音声的に際立たせること、という意味で使って、区別しています。ただし、人によってはこれらのことばの使い方が少しずつ違う場合がありますので注意してください。たとえばこの本の「フォーカス」の意味に対しても「プロミネンス」を使う場合もあります。1つの文にはフォーカスはもっとも大切な部分1つだけしかないと考える人もいますし、ほかと対比させるために特に強調したい部分についてだけをプロミネンスと呼ぶ場合もあります。声を強めたりして語そのものの意味を強調することを「インテンシティー」と呼んで、「プロミネンス」と区別する立場もあります（斎藤2006）。

*6：この本では、文の構造とイントネーションの関係を、フォーカスの置かれる意味のまとまりがどこからどこまでかによって、ヤマが新しく始まる場所が変わる、という点から説明しました。このようなことについては、ほかにもことばとことばの修飾関係や、文の統語構造などの点から、いろいろな研究者が説明しています。興味のある人は、音声文法研究会［編］（1997–2006）、杉藤［監修］（1997）、田中・窪園（1999）、戸田（2004）などで、それぞれの説明を読んでみるとよいでしょう。

*7：たとえば土岐・村田（1989）では、「長昇」「長平」「短昇」「短平」「長降」「弱平」の6種類に分けています。また田中・窪園（1999）では「上昇」「疑問上昇」「下降」「上昇下降」の4種類、鹿島（2002）は「上昇」「非上昇」「下降」「平坦」の4種類があげられています。また戸田（2004）では「上昇調」「下降調」「平調」という3種類の形に「声の長さが長い」「声の幅が広い」という音声的特徴が加わるとしています。

*8：また、これまでの文末イントネーションの分類は、文末の単語のアクセントの違いのみによって異なるイントネーション（たとえば「もう帰る。」と「もうやめる。」など）をどうあつかうか、文末詞・終助詞（「ね」「よ」「さ」など）がついた場合のイントネーションをどうあつかうか、などの点で、解釈がいろいろ異なっていました。さらに、音の変化の幅や速さ、全体的な高さなど、発話者の感情を表すイントネーションの特徴は、実際は文末だけではなく、文のあらゆる位置で関係してきます（たとえば、「まだ終わらないの？」という文の「まだ」の部分は、これらの要素を変えることによって、いろいろな感情を表すことができます）。

*9：イントネーションの高さを視覚化して練習する方法は、ほかにもいくつかあります。たとえばVT（ヴェルボ・トナル）法では、文のイントネーションの「やま」を6種類のパターンで示し、これを手の動きをつけながら言うことで、自然なイントネーションで発音する練習をします（ひょうご日本語教師連絡会議VT法研究会［編］（2004）。中川他（2009）では、フレーズの「への字型イントネーション」を、「ピッチカーブ」によって視覚的に表すことによって、イントネーションの練習をしています。

6 音声を教えるときに

6-1. なかなか発音が上手にならない？

　これまでの章では、日本語の音声についての具体的な説明と、その練習方法について考えてきました。しかし、みなさんが実際に教室で発音を教えるとき、なかなかうまくいかなかったり、またきちんと教えているつもりでも、学習者の発音がなかなか上手にならなかったりする場合もあると思います。この章では最後のまとめとして、音声を教えるときに気をつけなければならないことは何か、教師は何をしたらいいかという点について、考えてみましょう。

ふり返りましょう

【質問54】
みなさんは学習者に「音声を教える」とき、具体的にどのようなことをしていますか？　次の中から、自分がしていることに、チェックをつけてみましょう。

- □ モデルとなる正しい発音を、何回も聞かせる。
- □ 学習者が発音を誤ったとき、正しい発音を聞かせ、その後でもう一度言わせる。
- □ 正しい発音になるまで、何回もくり返し言わせる。
- □ 日本語や媒介語（学習者の母語やクラスの共通語）を使って説明する。
- □ 黒板に口の中の図を書いたり、音の高低の線を書いたりして説明する。
- □ 手拍子、手の動き、体の動きなどを使って説明する。
- □ その他（　　　　　　　　　　　　　　　　　　　　　　　）

　教師研修で、「音声を教えている」「学習者の発音を直すことがある」という教師に上の質問をすると、もっとも多い答えは、「正しい発音を何回も聞かせる」「誤ったらもう一度言わせる」「何回もくり返し言わせる」です。それでは、何回も聞かせたり、何回もくり返して言わせたりすることは、どのぐらい効果があるのでしょうか。

考えましょう

【質問55】

次のやりとりは、教師が授業で学習者の発音を直している場面の例です。しかし、教師の指導にもかかわらず、学習者の発音は最後まで直らなかったようです。なぜ学習者の発音は直らなかったのでしょうか。その理由を考えてみてください(もしできれば、まわりの人と話し合ってみましょう)。

(T:教師　L:学習者)

T:(絵カードを見せながら)いくつですか?

L:みつ(3つ)です。

T:「みっつ」、ですね。

L:「みつ」です。

T:「みっっっっっっっつ」です。

L:「みっっっっっっっつ」です。

T:そうですね。みっつです。

L:みつです。

この例では「みっつ(3つ)」の促音「っ」の部分が短くなり、「みつ」のように聞こえてしまいました。教師は正しい発音を聞かせたり、「っ」の部分を強調したりしました。学習者は一度は「っ」の部分を長く発音できたものの、すぐにまたもとに戻ってしまいました。

上の例を考えるために、発音以外の誤用のフィードバックと比べてみましょう。次のような場合と、上の発音の訂正の場合では、何が違うでしょうか?

L:昨日は公園にテニスをしました。

T:公園「で」、ですね?

L:はい、昨日は公園でテニスをしました。

L：このピザは、もう寒いです。
T：もう冷たいですか？
L：はい、冷たいです。

　文法のまちがいを訂正するときは、まちがえた部分を訂正して言えば、学習者は聞いてそのまちがいに気づくことができます。上の例では、教師が「公園で」と言ったので、学習者は「に」ではなく「で」であることに気づき、すぐ「公園で」とくり返すことができました。「寒い」→「冷たい」という語彙のまちがいも同じです。
　これに対して上の発音の例では、「っ」の長さが足りないのが原因でしたが、発音を直された学習者には、何が悪いのかが伝わっていなかったようです。たとえば、「っ」の強さが問題なのか、母音や子音の作り方が違うのか、わかりませんでした。教師のまねをすることによって、一度は「っ」を長く発音できましたが、結局そのポイントがわかっていなかったために、またすぐにもとに戻ってしまいました。
　発音の場合、文法や語彙の訂正と違って、正しいモデルを与えただけでは、どこが悪いのかがわからないのが普通です。教師のモデル発音は自分の発音とどこが違うのか、どこをどう直せばいいのかというのは、学習者は音を聞いただけではわかりません。これがわからなければ、いくら何回くり返して言わせても、学習者の発音は決してよくなりません。音声を直す場合、正しい発音を聞かせるだけ、くり返させるだけでは、ほとんど効果がないということを、覚えておきましょう。
　この例の場合は、学習者は「みっつ」の「っ」の「長さ」に問題があることに、気がついていません。そこで、促音の部分を１拍分の長さで発音する必要があることを、音を聞かせる以外の方法でわからせる必要があります。これには第３章で見たように、たとえば黒板に書いたり、手をたたいたりして教える方法が考えられます。

考えましょう

【質問56】
上の例のように、学習者の発音は「一度直しても、すぐにまたもとに戻る」ことがあります。この原因は何でしょうか？

　教師が直したときはうまく発音できた音が、またもとに戻ってしまうのは、次の２つの場合が考えられるでしょう。

A. 学習者は自分の発音のどこが悪いのか、どう直せばいいのかがわかっていない。そのため、自分でいろいろ試行錯誤をするときに、たまたま「いい発音」が出るが、わかって発音したわけではないので、またすぐに戻ってしまう。

B. 学習者は自分の発音のどこが悪いのか、どう直せばいいのかがわかっていて、意識してゆっくり発音すれば、正しく発音ができる。しかし、会話などをしているときに発音に意識がいかなくなると、戻ってしまう。

「一度できた発音が、もとに戻ってしまう」という事実は同じでも、AとBでは大きな違いがあります。Aの場合は、正しい発音が「できた」ように見えても、たまたまそのような発音になっただけですから、実は「できた」のではないのです。そして、「一度できた発音が、もとに戻ってしまう」というときは、こうした場合であることがよくあります。

はじめに見たこととあわせて考えると、学習者の発音を直すとき、教師がモデルとなる発音をただくり返し聞かせたり、学習者にくり返し発音させたりするだけでは、学習者は発音をどのように直せばいいのかがわかりません。そのため、自分の発音をなかなか直すことができなかったり、一度「できた」ように見えても、すぐもとの発音に戻ってしまったりします。この状態では、いくらくり返し言わせても、まったく意味がありません。

つまり、音声を教えるときに大切なのは、学習者に、「目標の発音」がどのようなものなのかをはっきりわからせることだと言えます。発音を直すときは、どんな発音ならよくて、どんな発音ならよくないのか、今の自分の発音は、何がどのようによくなくて、どこをどう直せばいいのか、などがわかるように、学習者に「目標の発音」のイメージを持たせることが大切なのです。

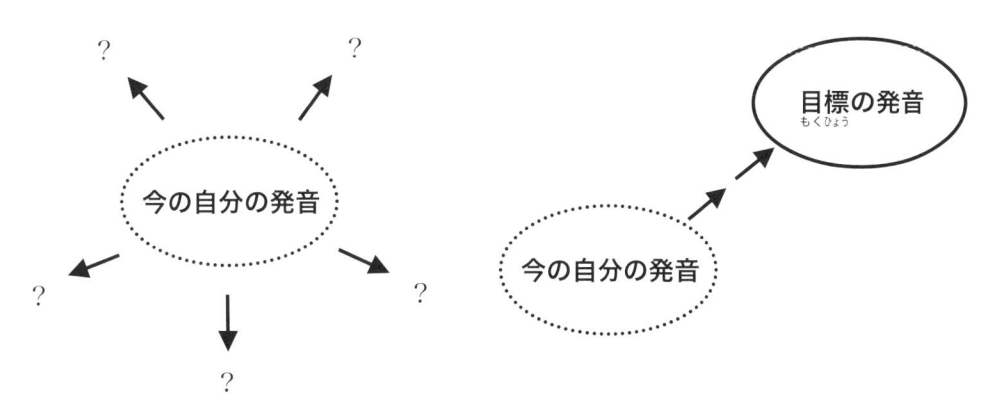

目標の発音がわからなければ、
何をどう直せばいいのかわからない。

目標の発音がはっきりしていれば、
それに向かって練習ができる。

ただし、上のBの場合のように、目標の発音がわかっていても、自分ではなかなかうまく直せなかったり、一度発音できても意識しないともとに戻ってしまったりすることもあります。しかし、どのように発音すればいいかがわかっているなら、続けて練習することで、目標の発音に近づくことができるでしょう。

　発音は、筋肉を使った身体の運動です。頭でわかっていても、すぐには直すことができない場合もあります。これは、ほかの身体の運動を考えてみるとよいでしょう。たとえばサッカーをするとき、いくら頭でルールがわかっていても、ボールを上手にあつかうことができません。練習するにしたがって、自分の思うように動けるようになります。ピアノをひくときも、「この鍵盤を押したらドの音が出て、となりの鍵盤を押したらレの音が出る」とわかっていても、曲はひけません。ひけるようになるためには、指が自然に動くようになるまで、くり返し練習する必要があります。

　発音も、サッカーやピアノの場合と同じように、のどや口の筋肉が自然に動くようになるまで、練習することが必要です。どう発音すればいいかという目標の発音がわかっていない段階では、いくらくり返しても意味がありませんが、これを理解したうえでなら、くり返し練習することで、より自然な発音に近づくことができるでしょう。

　日本語の発音についてはじめて教えたとき、たとえばはじめてアクセントについて教えたときや、はじめて母音の長短について教えたときなど、学習者はすぐには上手に発音できないのが普通です。しかしこれは、はじめてサッカーのボールに触った、はじめてピアノの鍵盤に触ったときと同じと考えればいいでしょう。最初にできないからと言って、すぐに「この学習者は発音が下手なので教えても意味がない」のように思ってはいけません。くり返し練習し、身体（のどや口の筋肉）が動くようになるまで、長い目で考えることが必要だと言えます。

6-2. 音声の練習がきらいな学習者

考えましょう

【質問 57】
「発音の練習は、学習者がいやがる」という話をときどき聞きます。みなさんが教えている学習者はどうでしょうか？　もしそのような学習者がいる場合、その理由は何でしょうか？

外国語を勉強する学習者の多くは、できるだけ母語話者に近い発音で話したいと思っています。しかし、教室での発音練習は、あまり好きではないという学習者も少なくないのは事実です。学習者が発音の練習をいやがる場合、主に次のような理由が考えられるでしょう。

・発音を直されても、何が悪いのかがわからないから。
・いくら練習しても、あまり上手にならないから。
・クラスのほかの人の前で直されるのが恥ずかしいから。

　この課のはじめに見たように、「目標の発音」がわからないまま何回もくり返させるというのは、学習者が発音練習をきらいになる原因になります。「いくら練習しても上手にならない」というのも、その「練習」が、実は「練習」ではなく、ただ何回もくり返して言わせているだけのことが多いようです。自分の教え方を、もう一度ふり返ってみましょう。

　「クラスのほかの人の前で直されるのが恥ずかしい」という学習者には、教師の工夫によって、これをあまり感じさせないで発音を練習することができるかもしれません。ここで、その方法について具体的に考えてみましょう。

考えましょう

【質問58】　　　　　　　　　　　　　　→〈解答・解説編へ〉
発音の練習のときに、学習者にできるだけ「クラスのほかの人の前で直されるのが恥ずかしい」と思わせないようにするには、どんな方法があるでしょうか？

　発音を練習するときに、クラスのほかの人の前で1人だけ直されることをいやがる学習者は多いです。またこれによって発音練習がきらいになったり、発音に対するモチベーションをなくしてしまう場合もあります。教師が発音を直すことに一生懸命になって、学習者の気持ちに気づかないことがありますので、注意しましょう。
　具体的にはいろいろな方法がありますが、まず大切なのは、学習者がその時間に発音の何を学んでいるか、何を練習しているかがはっきりとわかっていて、発音の練習が「恥ずかしいだけの無意味な時間」だと思わないようにすることでしょう。そのうえで、授業中に発音について注意されることが「恥ずかしい」ことではない、

という雰囲気をクラスに作ることが大切です。

6-3. 音声を教えるときの教師の役割

考えましょう

【質問 59】
教師について練習すれば発音を直せるという場合でも、直されるまで発音の誤りに気がつかないのなら、教室の外でも上手に発音ができるとは限りません。教師がいなくても、自分で上手な発音で話せるようになるためには、どんな力が必要でしょうか？

　教室で教師と練習したときに発音を直せることは、その学習者が自然な発音を身につけるための第一歩です。しかし、それだけでは発音が上手になったとは言えません。学習者が教室の外で日本語を使うときにも、自分で考えた文を、自然な日本語の音声で自由に発音できるようにすることが、音声を教える際の最終的な目標だと言えます。

　こうした最終的な目標を考えたとき、学習者に求められる発音の能力は、以下のようなものが考えられるでしょう。

・日本語として自然な「目標の発音」のイメージを、自分で思い浮かべることができる。
・不自然な発音をしたときに、自分でそれに気づくことができる。
・自分の発音が、「目標の発音」とはどのように違うか、適切な基準で判断できる。
・適切な基準に基づいて、自分の発音を「目標の発音」に自分で近づけることができる。

　このように、自分の発音について判断し、自分で直すことができる能力のことを、**自己モニター**の能力と言います。学習者が日本語の音声について、新しい文であっても「どう発音すればいいか」という目標の音声をイメージすることができ、これをもとに、適切な基準を持って自分の発音を自己モニターすることができるようになれば、学習者は教師のいないところでも、自然な日本語の音声で発音できるようになると考えられます。

考えましょう

【質問60】
学習者に音声を教えるときの、教師の役割とは、どんなことでしょうか？　この本でこれまで見てきたことを参考に、考えてみてください。

　学習者が日本語のコミュニケーションにおいて、「自然な発音」の文を自分で自由に産出できるようになるには、新しい文でも「目標の発音」をイメージすることができ、これと自分の発音とを比べながら、適切な基準で自己モニターできなければなりません。

　したがって、音声を教えるときの教師の役割というのは、ただそのときの学習者の発音を「矯正する」ことではなく、学習者が目標の発音をイメージできるようになることを、またこれをもとに、学習者が自分の発音を自己モニターできるようになることを、手助けすることであると言えるでしょう。

　河野・小河原（2006）では、うまく発音ができるようになるためには、学習者が自分で「試行錯誤」しながら、自分で考えた「独自の基準」を作ることが必要であると述べています。そのために、教師は学習者の発音に対して「〇」や「×」の札を使ってうまく発音できたかどうかをフィードバックしたり、2つの音を比べて違いを考えさせたりする練習法を紹介しています。このようにして、教師は「試行錯誤を積極的に促し、学習者が独自の基準を作ることを支援」する役割があると述べています。

　ここで言う「独自の基準」というのは、すなわち自己モニターのための適切な基準であると考えられます。河野・小河原ではこれを「試行錯誤」しながら学習者が自分で身につけていくものであるという立場ですが、教師が知識や練習方法を積極的に与えることによって、学習者が「試行錯誤」よりも効率的に、手がかりやヒントとできる可能性も考えられるでしょう。

　学習者が「この文はこう発音すればいい」という「目標の発音」を正しくイメージできるようになるためには、教師は学習者に、日本語音声に関する「知識」を伝えることが必要です。モデルの音声をただ聞かせるだけではなく、それぞれの音の作り方を説明したり、音声の規則を紹介したりすることによって、学習者は自分で作る新しい文でも、どのような音声で発音すればいいかを頭に浮かべることができるようになります。

そして、まだうまく発音できない場合は、この本で紹介したようなさまざまな知識や具体的な練習方法を教師が紹介することで、学習者はこれを手がかりにしながら、自分の音声と目標の音声はどのように違うか、どうすれば目標の音声に近づくことができるかを考え、これによって自己モニターのための適切な基準を身につけていくことができるようになるでしょう。

　またその前に、この本のはじめに述べたように、学習者が発音に対して意識を向けるようにうながし、自然な発音で話したい、発音を練習したいというモチベーションを持たせることも、重要な役割です。加えて、学習者が発音をいつでも不安なく練習できるような環境や雰囲気を作っていくことも、教師の仕事の1つであると言えます。

　これまで「音声を教える」というと、どうしても「発音矯正」「悪い発音を直す」のような、一方的で冷たいイメージがあったかもしれません。しかし、音声であっても、教師が一方的に直したり、教えたりするのではなく、学習者が自分の音声について意識し、自ら学び、練習し、考えていくことを、教師が「手伝う」というかかわり方が、「音声を教える」ときに必要なことだと言えるのではないでしょうか。

《解答・解説編》

1 音声を教える前に

【質問3】

　ある場面で発音がどのぐらい上手なほうがいいかは、たとえば次のような要素によって違ってきます。

(1) 相手とのやりとりがあるかないか

　買い物、注文、パーティー、相談など、相手がいるときのコミュニケーションは、もし発音が上手でないために1回言って聞き取れないときは、相手は聞き直してくれますし、自分も言い直すことができますので、発音の正確さはそれほど必要でないかもしれません。それに比べて、学会での発表や、留守番電話のメッセージ、スピーチなど一方的に話すときは、1回で意味が伝わらなければもうそれで終わりですから、もっと発音が正確でないと、コミュニケーションが難しいと言えます。

(2) 相手（聞き手）がどんな人か

　同じ発音でも、外国人の発音に慣れていたり、外国人の発音に好意的な態度であったりする人は、そうでない人と比べると意味が通じやすいし、またあまり上手でない発音でも受け入れてもらえます。

　たとえば、国際交流のパーティーなどで、外国人に好意的な日本人と話をする場合は、発音があまり上手でなくても、相手は意味が通じるまでやさしく聞いてくれるでしょう。また日本語の教師は外国人の発音に慣れていますので、言いたいことを予想しながら聞いてくれます。

　それに比べると、外国人と会話をした経験があまりない普通の日本人と話をする場合は、発音が上手でないと意味が通じにくかったり、また疲れるので話したくない、のように思われたりすることも考えられます。

(3) 場面のフォーマリティー

　コミュニケーションする場面、状況が、どのぐらいフォーマル（公式的）なものであるかということも、求められる発音の正確さにかかわってくるでしょう。たとえば友だちと話したりするようなインフォーマルな（あまり公式的ではない）場面では、発音が上手かどうか、意味が伝わりやすいかどうかは、あまり大きな問題になることはないかもしれません。これに対して、学会で発表したり、仕事で使ったりするような、友だち

以外の人と公式な場面で大切な話をするようなときには、発音のせいで意味が通じにくければ、信用を失ったり、マイナスの評価を受けたりする可能性が考えられます。

■【質問4】

1のエピソードにも見られるように、発音が上手だと、日本語全体が上手に聞こえるようです。逆に、発音があまり上手ではないと、日本語そのものが上手ではないと思われる可能性があるだけでなく、聞き手に「話していて疲れる」と思われて、コミュニケーションをいやがられたり（2のエピソード）、集中して聞いてもらえなかったり（3のエピソード）、内容についての信用がなくなったり（3のエピソード）、感情や態度について誤解を与えてしまったり（4のエピソード）する可能性があります。

■【質問6】

そのほかに、次のようなこともできるでしょう。

・**学習者がどこまで発音練習が必要なのか、考える**

自分が教えている学習者はどんな場面でどんな目的で日本語を使う可能性があるのか、そのためには発音はどこまで教えればいいのか、学習者の将来もふまえて、ある程度考えることが必要です。そうすれば、発音を細かく直しすぎたり、逆に発音を何も教えないために、学習者が後から困ったりすることを避けることができるでしょう。

・**教える項目の優先順位や順番を考える**

学習者の目的や使用場面を考えて、音声の中のどの項目を教えて、どの項目は教えなくていいか、まず何が大切なのか、何から教えるべきか、それらはいつ、どのように教えるか、ということを、考える必要があるでしょう。

2 母音と子音

■【質問8】

母音がいくつあるかは、言語によってさまざまです。英語やフランス語のように、母音が10以上もある言語もありますし、アラビア語のように3つだけという言語もあります。世界の言語の中では、母音が5つという言語が多いようです。

■【質問11】

特に、母語で [g] と [ŋ] が意味を区別する場合は、この2つの音をまったく違う音として聞きますので、日本語のガ行の子音はどちらでもいいということを知らないと、[g] な

のか [ŋ] なのか混乱してしまう場合があります。
　また、中国語や韓国語の話者などをはじめ、日本語の有声音と無声音を区別するのが難しい場合、本当なら日本語のカ行、ガ行は

　　　　カ行：[k]　　／　　ガ行：[g] または [ŋ]　　　　（→正しい）

であるところを、まちがえて

　　　　カ行：[k] または [g]　　／　　ガ行：[ŋ]　　　　（→正しくない）

のように考えてしまう場合があります。このようなときは、たとえば鼻濁音で「かがみ」 [kaŋami] と言われれば「かがみ」と聞きますが、鼻濁音ではない [kagami] は「かかみ」のように誤って聞いてしまったり（日本語では、両方「かがみ」です）、鼻濁音にはならない語頭のガ行音もすべて [ŋ] で発音してしまったりする可能性がありますので、注意が必要です。

■【質問14】

　第1表のものと、第2表の(1)のものは、これまでに説明した日本語の母音と子音からの組み合わせでできています。そのため、子音と母音の組み合わせを変えるだけで発音できますので、一般の日本人にとっては比較的難しくありません。
　(2)のイェ、ウィなどは、[je][wi] のように1拍で発音されることも、（イェ、ウィのように書いてあっても）イエ [ie]、ウイ [ɯi] のように2拍で発音されることもあります（「拍」については第3章でくわしく勉強します）。
　(3)の音は、現在の日本語では半母音 [w] が子音の後にくることはないので、クァ、クィと書かれてあっても、[kwa][kwi] のように発音されることは少なく、普通はクア [kɯa]、クイ [kɯi] のように、2拍で発音されるのが普通です。
　(4)の「ヴ」という表記は、外国語の [v] の音を表すときに使われますが、もともと日本語には [v] の音がありませんので、これを [v] を使って発音する日本人はほとんどいません。「ヴァ、ヴィ、ヴ、ヴェ、ヴォ」と書かれていても、発音するときは普通は「バ、ビ、ブ、ベ、ボ」と同じように [b] の音で発音されます。

■【質問15】

　自分の名前や、自分の国や町の名前が日本語の中で発音されたとき、もとの発音と変わってしまうことに、違和感や不快感を覚える学習者がときどき見られます。こうした場合、教師が一方的に日本語の発音を強要すると、反発を招く場合もあるかもしれません。

自分の名前が「日本語だとこんなふうに発音される」というのを示すことで、世界の言語の音声体系がそれぞれ違うのだということに気づかせ、これを外国語学習のモチベーションにつなげることができれば理想的です。しかし、自分の名前をどうしても日本語の発音で発音したくない、という学習者には、これは学習者のアイデンティティーの問題ですから、日本人には伝わりにくいということをわかったうえで自分でそれを選ぶのであれば、それもしかたがないという考え方も必要かもしれません。

【質問16】

たとえば、「駅」/eki/ を [ikʲi] と発音してしまうと、日本人には /e/ ではなく /i/ に聞こえますので、「駅」/eki/ ではなく「息」/iki/ のようにとられてしまいます。同じように、「子ども」/kodomo/ を [kolomo] と発音してしまうと、日本人には「ころも」/koromo/ に聞こえます。また、「正直」の最初の [ɕ] を [s] で発音してしまうと、「ショ」/sjo/ ではなく「ソ」/so/ に聞こえるので、「掃除機」のようになってしまい、意味が通じにくくなるのです。

一方、たとえば「海」の最初のウ [ɯ] の音を、唇をまるめて [u] で発音しても、日本人にはどちらも /umi/ として聞こえます。同じように、「母」/haha/ の子音を軟口蓋音で [xaxa] と発音しても、/haha/ と聞かれますし、「足」/asi/[aɕi] を [asi] と発音してしまっても、/asi/ と聞こえます。このような場合、日本語として違和感はありますが、意味を伝えることにはあまり問題がありません。

駅：○ [ekʲi]- × [ikʲi]（息）　　子ども：○ [kodomo]- × [kolomo]（ころも）

正直：○ [ɕoːʑikʲi]- × [soːʑikʲi]（掃除機）

海：○ [ɯmʲi]- × [umʲi]　　母：○ [haha]- × [xaxa]　　　足：○ [aɕi]- × [asi]

【質問18】

たとえば英語では、日本語と同じように、有声音と無声音が区別されています。有気音と無気音は、意味を区別する働きはなく、同じ音素の異音として現れます（たとえば語頭の破裂音は有気音になるが、その前に子音がきたときは無気音になる、など）。

言語の中には、タイ語、上海語などのように、有声、無声無気、無声有気の3種類を区別するものもあります。このように、有声・無声を区別する言語であれば、日本語の有声音と無声音の区別はあまり問題にならないかもしれません。

一方、中国語（北京語）や韓国語では、これまで見たように、有声・無声ではなく有気・無気が区別されています。このような言語では、日本語の有声と無声の区別が難しいことがありますので注意が必要です。また、この場合、異音として有声音と無声音がどのように現れるかに気をつけるとよいでしょう。たとえば韓国語の場合、無気音は語

頭にくると無声音で、語中にくると有声音で発音されるのが普通です。そのため、たとえば「爆弾（ばくだん）」という単語は、韓国語話者の発音では「ぱぐだん」のようになりやすいと言えます。

有声と無声の区別は、摩擦音でも問題になることがあります。たとえばイタリア語では、摩擦音の [s] と [z] が意味を区別しないので、イタリア語話者は日本語のサ行とザ行をまちがえて発音することがあります。ドイツ語では、母音の前にsがくると普通 [z] で発音されますので、ドイツ語話者では日本語のサ行がザ行になってしまったりします。ロシア語など東欧の言語では、有声音の前に無声音がくるとそれが有声音で発音されることがあるので、たとえば「〜ですが」と言おうとして「〜でずが」になってしまう例などもときどき見られます。

《練習22》
1. くさい　ものに　ふたを　します。
2. しろい　ふくを　きた　ひとが　ひとり　います。
3. がくせいには　しゅくだいを　たくさん　させる　ひつようが　あります。
4. よしこは　あたらしく　かった　ピカピカの　くつを　はいて　きた。
5. ちかてつは　つかれるので　タクシーで　いきたいですね。

【質問21】
音素と音声を記号で表すと、以下のようになります。

マーク /maRku/[ma:kɯ]　　　シート /siRto/[ɕi:to]　　　プール /puRru/[pɯːɾɯ]

ケーキ /keRki/[ke:kʲi]　　　ノート /noRto/[no:to]

【質問22】
NHKのアクセント新辞典 (2016) では、「エ列に続く [イ] の音は、[セイト]（生徒）[ケイエイ]（経営）のように一語一語はっきり発音することもあるが、より自然な発音は [セート] [ケーエー] である。」と書かれています。アナウンサーも、これらの音は [ei] ではなく [e:] と発音するように訓練されていますし、歌やお祈り、一部の方言などをのぞくと、普通の会話の中で「映画」の「えい」が [ei] と発音されることはほとんどなく、いつも [e:] と発音すると考えてもいいでしょう。

一方、漢語ではなく日本語に古くからある和語の中には、「えい」と書かれていても [e:] にはならないで、いつも [ei] と発音することばもあります。たとえば、甥・姪の「めい」や、

魚の「えい」などです。また動詞のテ形「〜いて」「〜いで」の前にエ段の音がきたときも、長音にならないのが普通です（例：まねいて、かせいで）。さらに、「い」の前に意味の切れ目があるときは、やはり長音にはなりません（例：受け入れる、目医者）。

以上のことから、日本語教育では、一般的に次のように教えるのが普通です。

音素	ひらがな表記	カタカナ表記	発音	例
/eR/	えい （例外）ええ	エー	[e:]	えいが、とけい、ていねい （例外）おねえさん、ええ
/ei/	えい	エイ	[ei]	[魚の] えい、めい（姪）、まねいて

・エ段の長音は、ひらがなでは「い」をつけて書く。
・例外的に、「お姉さん」「（返事の）ええ」などは、「え」をつけて書く。
・「えい」と書かれていても、[ei] と読むこともある。

[魚の] えい→

ただし、先にも述べたように、日本語で歌を歌うときは、エ段の長音「えい」は「え」「い」として別々の発音で歌われるのが普通です。これは、オ段の長音「おう」は歌でも「お」「お」と歌われるのと違っています。「歌のときだけは [ei]」のように教えてもよいかもしれません。

（例）

いまは もう うごかない その とけい
　　　　[mo o]　　　　　　　　　　　　[to ke i]

（JASRAC　出 0900389-901）

【質問 23】

音素と音声を記号で表すと、以下のようになります。

いっこ /iQko/[ikko]　　　　いっぱい /iQpai/[ippai]　　　いったい /iQtai/[ittai]

いっちょう /iQtjoR/[ittɕo:]　　いっつう /iQtuR/[ittsɯ:]

いっさい /iQsai/[issai]　　　いっしょう /iQsjoR/[iɕɕo:]

【質問 24】

音素と音声を記号で表すと、以下のようになります。

さんばい /saNbai/[sambai]　　さんだい /saNdai/[sandai]

さんにん /saNniN/[saɲɲiɴ]　　さんこ /saNko/[saŋko]

さんえん /saNeN/[saĩeɴ]　　さんわり /saNwari/[saũwarʲi]

さんさい /saNsai/[saũsai]　　さんヘルツ /saNherutu/[saũheɾɯtsɯ]

さん /saN/[saɴ]

【質問 25】

たとえば、学習者の母語を「××語」とすると、××語を母語とする日本語学習者にとって、次のようなときに、日本語の発音が問題になることが多いと言えます。

(1) 日本語にある音が、××語にはない

××語にまったくない音を日本語で発音しなければならないとき、××語の話者はこれをまったく新しい音として身につけなければなりませんから、ほかの音に比べて難しいと言えます。たとえば、英語や韓国語など、「ツ」の子音 [ts] の音がその言語にない場合、[ts] という子音を練習して新しく言えるようにする必要があります。逆に、中国語やロシア語、ドイツ語など、自分の言語に [ts] の音がある場合は、それほど苦労して練習する必要はないかもしれません。

(2) 日本語では区別している複数の音が、××語では同じ音である

日本語では意味を区別するような音が、××語では区別されていない場合、学習者は、この区別を練習して身につけなければなりません。たとえば前にも説明したように、韓国語や中国語のように、[t] と [d] のような有声音と無声音の区別がない言語が母語の場合、有声無声の区別がある言語の話者と比べると、日本語の有声音と無声音を正しく区別して発音することが、難しいでしょう。同じように、破擦音と摩擦音の区別がない言語の話者では、日本語の「シ」と「チ」のような区別が難しいかもしれませんし、母音が3つしかない言語の場合、「イ」と「エ」や「ウ」と「オ」を区別することが問題になるかもしれません。

(3) 日本語と同じような音が××語にあるが、日本語の音とは少し違う

××語に日本語と似た音があっても、それが日本語の音とは実際は少し違う場合、「外国なまり」の原因になります。たとえば日本語の「ワ」の子音は、前にも説明したように、唇のまるめがない音です。しかし、英語のように、自分の言語にwの音がある場合、これを「wの音で発音すればいい」と考えてしまうと、日本語のwとは違う、唇のまるまっ

たwで発音してしまい、日本語として不自然な発音になってしまいます。

(1)のような、まったく新しい音は、学習者も教師も発音するときに注意しますが、似ているけれど実は違う音の場合は、あまり意識をしないで「××語のこの音で発音すればいい」と考えられてしまうため、ほかの音を上手に発音できるようになった段階でも、なかなか気づかれなかったり、直されなかったりします。

(4) 日本語と××語で、音の変化の規則が違う

「音の変化の規則」というのは、ある音がある環境にきたとき、違う音に変化する決まりを言います。たとえば母音の無声化のように、「/i/ と /u/ は無声子音に挟まれたとき声を出さないで発音する」などや、「/N/ は後ろにくる音と同じ口の形の音になる」などが、日本語の音の変化の規則です。このような日本語の音の変化の規則が××語にはない場合は、意識して音を変化させなければなりませんから、注意しなければ不自然な発音になってしまいます。

逆に、××語に日本語とは違う音の変化の規則がある場合、日本語を話すときにそれを当てはめてしまって、やはり不自然な発音になることもあります。たとえば、韓国語では母音に挟まれた子音が有声音になりますので、この規則によって「わたし」が「わだし」になってしまうことがあります。英語では、弱い母音があいまいな音になるという規則がありますので、たとえば「待って」の「て」の発音が、あいまいな「た」のような音になってしまったりします。中国語、ポルトガル語、フランス語などでは、母音の後に [n] などの鼻音がつくと、前の母音の音色が変化することがありますので、たとえば「すみません」が言語によって「すみますん」「すみまさん」「すみますぃん」のように聞こえる発音になってしまうこともあります。どれも、××語の規則を日本語に当てはめてしまうために起こる発音です。

3 拍とリズム

【質問 26】

これらの誤りは、次のようなグループに分けられます。

〈長い母音と短い母音の誤り〉

(長い母音が短い母音になってしまう)

おおさか→×おさか　一／七年せい→×一／七年せ　スポーツ→×スポツ　ラグビー→×ラグビ

(短い母音が長い母音になってしまう)

きょねん→×きょうねん　しゅじん→×しゅうじん

〈「ッ」があるかないかの誤り〉

(必要な「ッ」がなくなってしまう)

　　ひっこしました→×ひこしました　サッカー→×サカー　もっています→×もています

(必要ではない「ッ」が入ってしまう)

　　おしえています→×おしえっています

〈「ン」があるかないかの誤り〉

(必要な「ン」がなくなってしまう)

　　ざんねんです→×ざねんです

　最後の例は、「あたかも」と「あったかも」の、「っ」があるかないかの違いがわからなかったために、まちがってしまった例だと言えます。

《練習 27》

1. こ/ん/に/ち/は (5)　2. りょ/こ/う (3)　3. あ/ん/な/い (4)
4. が/っ/こ/う (4)　　5. に/ほ/ん/ご/きょ/う/い/く (8)
6. お/ば/さ/ん (4) －お/ば/あ/さ/ん (5)
7. き/た (2) －き/っ/た (3)
8. さ/ま (2) －さ/ん/ま (3)

《練習 30》

1. ひらがな　2. こくばん　3. きょうかしょ　4. にほんご　5. おとうと

6. すみません　7. ごちそうさまでした　8. おめでとうございます

4 アクセント

【質問 31】

　この話は、アクセントの誤りのために、コミュニケーションがうまくできなかった例です。外国人学習者は「5日」と言ったつもりなのに、アクセントが正しくなかったために、日本人の友だちは、決まっていない未来(someday)の意味の「いつか」と聞いてしまいました。

　「5日」のときは、はじめの「い」が低く、次の「つか」が高く発音されます。somedayの「いつか」のときは、「い」が高く発音され、その後で音が下がって、「つか」は低く

発音されます。「5日」の意味で言おうとしても、「い」が高く、「つか」が低ければ、違う意味になってしまいます。

【質問34】

　A〜Cの方法は、アクセント核の位置に「ˀ」「＼」「↓」などの印をつけるものです。アクセント核のない平板型は、何も印をつけないか、「￣」「○」などを付けて表します。日本語のアクセントは、アクセント核の場所だけわかれば発音できますから、この方法はもっとも簡単で合理的な方法と言えるでしょう。この本でもこの方法を使っています。

　なお、ワープロなどでこの「ˀ」の記号を表したいときは、IPA（国際音声記号）のフォントで「開放がない（No audible release）」の記号（Unicode 031A）を使うとよいでしょう。IPAのフォントはUnicode対応のフォントには標準で入っていますし、またインターネット上でIPA専用のフォントをダウンロードすることもできます（http://scripts.sil.org/ など）。上付き文字の機能があるソフトの場合は、罫線「┐」を上付きで入れる方法もあります。

　Dは、単語だけを発音した場合に高く発音される部分に上線を引き、アクセント核のところをカギ印にして表しています。アクセント辞典などでよく使われている方法です。Eは、単語全体に、高低の印をつけています。これらの方法では、単語だけを発音したときに、どこまで高く発音されて、どこから低くなるかがわかりやすくなっています。その反面、文の中でその単語がどう発音されるかを考えたときは、実際の発音の高低は、線と違ってきてしまいますので、その点が逆にわかりにくいかもしれません。

　Fの方法は、アクセントの核がその単語の前から何番目の拍にあるか、というのを丸数字で示しています。この方法は、日本人向けの辞書や、中国の教材などで、よく使われています。アクセント核のない平板型は、⓪で表します。これはA〜Cの方法と同じで、アクセントの核の位置だけを表すものです。単語リストを作るときなどわかりやすいですが、アクセント核がどこにあるかをきちんと理解するためには、「前から何番目の拍」というのがどこにあるか、正しく数えられる必要があります。

　　　　トˀマト→①　　たまˀご→②　　おとうとˀ→④　　さかな→⓪
　　　　①②③　　　　①②③　　　　①②③④　　　　①②③

　なお、この方法は、アクセントの位置を単語の後ろから数えて表すときに、よく使われます。たとえば②と書くと、「単語の後ろから数えて2拍目に核がある」という意味になります（例：「たべˀる」など）。

《練習34》

1. あ˥さ 高低　2. かわ˥ 低高(‐低)　3. とり 低高(‐高)　4. さくら 低高高(‐高)
5. テ˥レビ 高低低　6. はなし˥ 低高高(‐低)　7. ひこ˥うき 低高低低
8. おとうと˥ 低高高高(‐低)　9. きょ˥うだい 高低低低　10. ともだち 低高高高(‐高)

《練習35》

1. は˥るです　2. ふゆ˥です　3. たま˥ごです　4. ト˥マトです　5. さかなです
6. あ˥めです（雨です）　7. あめです（飴です）
8. はし˥です（橋です）　9. はしです（端です）　10. は˥しです（箸です）
11. タ˥タタです　12. タタタです　13. タタ˥タです　14. タタタ˥です

《練習37》

1. 飲む（の˥む）：	のみま˥す のも˥う	のみま˥した のんで	のんで のめ˥る	のま˥ない	の˥めば
2. 買う（かう）：	かいま˥す かお˥う	かいま˥した かえる	かって	かわない	かえ˥ば
3. 作る（つく˥る）：	つくりま˥す つくろ˥う	つくりま˥した つく˥れる	つく˥って	つくら˥ない	つく˥れば
4. 行く（いく）：	いきま˥す いこ˥う	いきま˥した いける	いって	いかない	いけ˥ば
5. 起きる（おき˥る）：	おきま˥す おきよ˥う	おきま˥した おきられ˥る	お˥きて	おき˥ない	おき˥れば
6. 入る（は˥いる）：	はいりま˥す はいろ˥う	はいりま˥した はいれ˥る	は˥いって	はいら˥ない	は˥いれば

【質問39】

1.「アクセントが正しくなくてもコミュニケーションには影響がないので、気にしなくていい」

　第1章でも見たように、発音の「正確さ」が重要な場面ではアクセントも注意するべきですが、正確さがそれほど問題にされない場合には、アクセントはあまり気にしなくていい場合もあるでしょう。

　しかし、日本語のアクセントが本当に「コミュニケーションに影響がない」かどうかは、議論の余地がありそうです。「アクセントが正しくなくてもコミュニケーションには影響がない」と言うときに日本人が想像しているのは、上級の学習者が非常に流ちょうに日本語を話す場合や、あるいは地方出身の日本人が共通語を話す際に、共通語とは異なるアクセントがときどき混ざるなどの場合です。

　これに対し、まだ流ちょうに話せない日本語学習者の場合では、母音や子音、拍の長さなども不自然ですから、それに加えてアクセントも違うと、意味を理解するのがもっと難しくなります。また、誤った語彙を使ったり、抽象的な漢字語彙を使ったりする場

157

合も、アクセントが違うと意味がわからなくなることがあります。

　以下は、アクセントが違うために意味が伝わらなかった例や、意味を理解するのが困難であった例です（すべて、学習者や教師から聞いた、実際にあった体験に基づいています）。自分の体験をふり返って、同じようにアクセントが原因でコミュニケーションに問題があった例がないか、考えてみてください。

- 「柿がきらいです」の意味で「カ˩キ」と言ったら、貝の「牡蠣」の意味に取られてしまった。
    →アクセントだけで区別される単語の組の誤りの場合。
- 「カ˩ゼで休みます」と電話で言ったら、意味がなかなか伝わらなかった。
    →拍数の少ない単語でアクセントが適切でない場合。
- 「ト˩ケが　ありますか？」と聞かれたが、意味がわからなかった（「時計」のことだった）。
    →アクセントだけでなく、拍の長さも適切でない場合。
- 「ザッスィ˩で　みました」と言われたが、意味がわからなかった（「雑誌」のことだった）。
    →アクセントだけでなく、単音の発音も適切でない場合。
- 研究発表で「キョ˩ウドウ」と言っているのを聞き、資料を読んではじめて「協働」だと理解できた。
    →抽象的な漢字語彙で、アクセントが適切でない場合。
- 「この問題はコンナ˩ンでした」と言われて、意味がわからなかった（「困難」＝「難しかった」の意味だった）。
    →その文脈に適切ではない語彙の使用で、アクセントも適切でない場合。

2.「日本語のアクセントは地方によって違うので、無視してもいい」

　日本語のアクセントは地方によって違うというのも本当のことです。たとえば東京で尾高型の「花」は、大阪では頭高型の「ハナ（高低）」というアクセントになります。

　しかしこれは、地方の方言がそれぞれ独自のアクセント体系を持っているということであって、アクセントを無視して発音しているわけではありません。たとえば東京で「花」を尾高型で発音するように、大阪では頭高型のアクセントが決まっていて、それ以外のアクセントで発音すると、大阪方言としては不自然な発音になってしまいます。つまり、共通語には共通語のアクセントが決まっているし、地方の方言にはその方言のアクセントが決まっているのです。地方の人も、あらたまった場面で共通語を話す場合は共通語のアクセントで話すほうが一般的ですし、もし方言のアクセントを使って話す場合でも、聞き手は話し手がその方言のアクセントで話しているということを理解して聞いています。アクセントが地方によって違うからといって、地方出身の日本人がみなバラバラなアクセントで話しているわけではないのです。地方によってアクセントが違うということ

とが、「アクセントを無視してよい」ことの理由にはならないのではないでしょうか。

　日本語を学ぶ目的が、たとえばある地方に定住し、その地域で生活していくためである場合、共通語よりもその地方のアクセントを身につけるほうがいいかもしれません。しかし、日本にずっと住むのではない外国人、特に海外で日本語を学ぶ外国人の場合は、特定の方言ではなく、マスコミや日本語教材などで広く使われる共通語を学ぶことが適当であると考えられますし、また学ぶなら共通語あるいは東京のことばを学びたいと考える学習者がほとんどです。

3.「すべての単語のアクセントを覚えることは負担が大きく、外国人には不可能だ」

　すべての単語のアクセントを学ぶことは、たしかに学習者にとっては負担が大きいことかもしれません。しかし、日本語のアクセントは非明示的で、予測不可能な性質を持っているため、それぞれの単語のアクセントの位置は、外国人は覚えるしかありませんでした。

　上級の学習者で、日本語が流ちょうに話せるようになればなるほど、「日本人と同じような発音で話したい」と思う人も多くなってきます。しかし日本語の場合は、すべての単語についてアクセントが決まっているという言語の性質を考えると、アクセントの位置を覚えなければ、いくら流ちょうに話せるようになっても「日本人と同じ」発音になることは絶対にないのです。

　このような、非明示的で予測不可能な性質は、英語やロシア語のアクセント、中国語の声調などと同じであるということも学びました。しかし、英語を学ぶときに、「外国人が英語のすべての単語について、アクセントを覚えることは不可能だ」とか、中国語で「すべての漢字の声調を１つ１つ覚えることは不可能だ」という主張をする人は、あまりいないと思います。これは、英語教育、または中国語教育においては、それぞれの単語のアクセントや声調を覚えることは、その外国語を学ぶうえで避けて通れない、当たり前のこととして考えられているからです。そのため、初級者用の教材や辞書には必ずアクセントや声調が書かれているし、学習者は学習の初期からアクセントや声調を覚えながら語彙を身につけていくことができます。英語や中国語の勉強のように、学習の初期からアクセントが導入され、新しい単語を覚えるのと同時にアクセントも覚えるようにすれば、すべての単語のアクセントを覚えることも、それほど負担にはならないかもしれません。

　実際、「日本語のアクセントを全部覚えるのは不可能」という意見は、実は「これまでアクセントを無視してたくさん覚えてしまった日本語のすべての単語について、アクセントを一から覚え直す」ということについて言っている場合がほとんどです。

【質問40】

教師にできることとしては、次のようなことが考えられます。

(1) まずは自分が日本語のアクセントを意識する

まず、非母語話者で、自分の日本語アクセントに自信がない人は、これから日本語のアクセントを意識するようにしてみましょう。

これまで覚えた単語のアクセントを一から覚え直すのは無理、と考える人もいるかもしれません。たしかに、すべてを学び直すことは、大変だと思います。しかし、まずは今からアクセントを意識しながら日本語母語話者の発音を聞くようにするだけでも、アクセントを少しずつ身につけていくことにつながります。たとえば、これまでアクセントを意識しないで聞いていた「ありがとう」ということばも、アクセントに注意すれば、それが「あり ̀がとう」というアクセントであることに気づくはずです。

なお、日本語の単語のアクセントを知りたいときは、アクセント辞典を使って調べることもできます。

(2) 学習の初期からアクセントと発音の関係を意識化させる

学習者にはじめから完ぺきなアクセントの発音を求めても不可能ですから、初期の授業で、学生のアクセントが直るまで教えるというのは現実的ではありません。大切なのは、アクセントを徹底的に矯正することではないのです。学習の初期から学習者が日本語アクセントの存在を知り、どのような性質のものかがだいたいわかり、単語を覚える際も、文章を読んだり聞いたりする際も、アクセントと実際の発音との関係について、意識化できるということが大切です。たとえ最初は正しく発音できなくても、アクセントの違いが実際の発音にどう現れるかということに気づき、自分の中で基準を作っていくことができれば、日本語のアクセントを自然に身につけていくことができるようになるでしょう。

(3) 教材やプリントの単語リストにアクセントの記号を書く

学習の初期からアクセントを意識化させるためには、アクセントの記号を示すことが必要になってきます。たとえば授業で使う教科書や教材の単語リストにアクセントの記号が書いてあれば、正確にわからなかったとしても、アクセントを初期から意識させることができるでしょう。教師自身がアクセントに自信がない場合でも、アクセントの記号を見ながら教科書付属のテープを聞かせるなどするだけで、記号と発音の関係を教えることができます。

もしこの本の読者の中に、これから教科書や辞書を作ろうと考えている人がいれば、これまでに述べたような事実を、もう一度よく考えてみてください。日本語のアクセントは非明示的、予測不可能で、記号をつけなければ外国人にとってはわからないという

性質のものであるという事実、また、これまで教科書や辞書にアクセントの記号がなかったために、アクセントに気づかず、上級になってから非常に苦労したり、学びたいけれどあきらめてしまったりする学習者が世界にたくさんいるという事実を考えれば、教科書や辞書の単語リストにアクセントの記号をつけるということが、どのぐらい大切なことなのかがわかると思います。

5 イントネーション

《練習38》

1. よこはまに すんでいます。
2. よこはまで はたらいています。
3. きたうらわに すんでいます。
4. きたうらわで はたらいています。
5. せんだいに すんでいます。
6. せんだいで はたらいています。
7. とても おもしろいと おもいます。
8. あの おみせに はいりましょう。
9. どんな ふくを きて いこうか。
10. ひじょうに きょうみぶかい けっかが でました。

【質問48】

音声は、全部で10種類のイントネーションで発音されていました。それぞれ、だいたい次のような意味になります。

1. 休む。　（普通に肯定。）
2. 休むぅ。　（うれしそうな感じ。ピッチの幅が大きい下降。）
3. …休む。　（しかたなく、といった感じ。低く弱く、短い下降。）
4. 休むう！　（あきれた感じ。低いところからピッチの幅の大きい上昇下降。）
5. 休むっ！　（念押し。しつこい、といったニュアンス。最後が強い。）
6. 休む？　（普通の質問。軽い上昇。）

7. 休むぅ？　（疑いの気持ち。ゆっくり、低い声で。）
8. 休むっ！？　（怒って聞く感じ。早くてピッチの幅が大きい。）
9. 休む～？？　（驚いて聞き返す。低い声から高い声へ、ピッチの変化が大きい。）
10. やーすーむーぅ？　（非常に不満そうに。音がのばされ、低い所からゆっくり上昇。）

【質問49】

　日本語の場合は質問文では普通、文の最後の拍で上昇します。これに対して、たとえば英語の場合、Yes-Noの質問は上昇しますが、「どこ」のような疑問詞がつく質問文は、上昇調にはなりません。ロシア語では、質問のイントネーションは必ずしも上昇ではありません。アクセントのある部分を高く発音することで、疑問文を表します。このほか、たとえばハンガリー語では、質問のときは、文の最後から2番目の音節が高くなり、そこから下降します。中国語やフィンランド語などではイントネーションだけで平叙文と質問文を区別することは一般的ではありません（質問文には疑問のことばをつけることが普通です）。

【質問50】

　ここでは、「何ですか？」と答えるときに、上昇調のイントネーションで言うべきところを、上昇をつけないで発音してしまったため、日本人には無愛想で冷たい、態度の悪い言い方に聞こえてしまいました。このほか、たとえば第1章であげた、外国人の妻の言い方が「乱暴」に聞こえるというのもこの例と言えるでしょう。

【質問52】

　プロソディーグラフの○は、1つ1つの拍を表し、これがイントネーションの高さに合わせて並べられています。長音や「ン」がついたときの長い音は、長い○で表されます。その下に引かれたたての棒で、拍の間隔がわかるようになっています。また無声化した音は、点線の○で表されます。

　プロソディーグラフの欠点としては、自分で自由に書くのが難しい、という点が指摘できます。たとえば自分の使っている教科書の例文を、プロソディーグラフをつけて表そうとしても、なかなか自分だけでは書くことができないかもしれません。また、プロソディーグラフの線は、基本的には機械で測ったときのピッチ曲線をそのまま表していますので、音声の重要な特徴と、あまり重要でない特徴が区別されていません（たとえば、アクセントによる下降も、自然下降も、同じように表されることがあります）。

　プロソディーグラフは、与えられた文を練習するのに向いていますが、新しい文を自分で適切に発音できるようになるための練習には、限界があるかもしれません。

6 音声を教えるときに

【質問 58】

具体的には、次のような方法が考えられるでしょう。

(1) 1人に発音させる時間をできるだけ短くする

クラスのほかの人の前で、1人の人だけにあまり長く練習させると、だんだん恥ずかしくなって、いやになってきます。その人の発音がなかなか直らなくても、少し長くなったと思ったら「後でまた練習しましょう」のように言って、次に進むことが必要な場合もあるでしょう。

また、すでに説明したように、どこが悪くてどう直せばいいのかを教えないまま、何回もくり返させるだけだと、発音がよくなることは期待できませんから、時間もかかってしまい、「1人だけ何回も発音させられた」という意識が強くなりますので、この点にも注意してください。

(2) クラス全体で練習する

1人の人ができない場合、1人だけで練習させないで、「ではみなさんで練習しましょう」と言って、クラス全体で練習することもできます。特に海外の教育現場で、クラスの学習者の母語が共通している場合は、ある人にとって難しい発音は、クラスのほかの人にとっても難しくて問題になることが多いので、クラス全体で練習することは効果があると言えます。

(3) 1人ずつ個別指導する

学習者の人数があまり多くない場合は、学習者1人と教師1人でマンツーマンの個別指導をすると、当然のことですが、ほかの人の目を気にしないで、その学習者に合った練習をすることができます。クラスの全員に、時間を決めて少しずつ行ってもいいですし、発音に問題のある学習者だけを対象にしてもいいでしょう。時間が足りない場合は、学習者が自分の発音を録音した音声ファイルを提出させ、教師は授業以外の時間にこれを聞いて、後でフィードバックするという方法も考えられます。ただし、個別指導は教師に負担がかかるので、どのようなやり方で、どの程度なら無理なく行えるかということについて、あらかじめよく考えて計画する必要があるでしょう。

(4) 学習者同士で直させる

教師が一方的に直すだけではなく、学習者同士でお互いの発音について、気づいた点を指摘したり、アドバイスし合ったりすることもできます。ほかの人の発音を直すことは、自分の発音について考えることにもなりますので、とてもためになります。また母語や

学習期間など、自分により近い立場のクラスメイトから「こう発音すればいい」と教えてもらうことは、教師が教えるよりも的確なときもあるし、学習者にとって受け入れやすいかもしれません（ただしこの場合、クラスの人間関係には注意してください）。

【参考文献】

《本文で言及したもの》

音声文法研究会［編］（1997-2006）『文法と音声（I～V）』くろしお出版

鹿島央（2002）『日本語教育をめざす人のための基礎から学ぶ音声学』スリーエーネットワーク

河野俊之・築地伸美・串田真知子・松崎寛（2004）『1日10分の発音練習』くろしお出版

河野俊之・小河原義朗（2006）『日本語教師のための「授業力」を磨く30のテーマ。』アルク

斎藤純男（2006）『日本語音声学入門　改訂版』三省堂

杉藤美代子［監修］（1997）『日本語音声［2］アクセント・イントネーション・リズムとポーズ』三省堂

田中真一・窪薗晴夫（1999）『日本語の発音教室—理論と練習』くろしお出版

土岐哲・村田水恵（1989）『外国人のための日本語例文・問題シリーズ12　発音・聴解』荒竹出版

戸田貴子（2004）『コミュニケーションのための日本語発音レッスン』スリーエーネットワーク

中川千恵子・中村則子・許舜貞（2009）『さらに進んだスピーチ・プレゼンのための日本語発音練習帳』ひつじ書房

ひょうご日本語教師連絡会議VT法研究会［編］（2004）『授業で使える発音指導　VT法を応用して』ひょうご日本語教師連絡会議VT法研究会

クロード＝ロベルジュ・木村匡康（1990）『日本語の発音指導—VT法の理論と実際』凡人社

《その他、日本語音声教育の基本的な参考文献》

赤木浩文・内田紀子・古市由美子（2010）『毎日練習！リズムで身につく日本語の発音』スリーエーネットワーク

猪塚元・猪塚恵美子（2003）『日本語教師トレーニングマニュアル1　日本語の音声入門　解説と演習　全面改訂版』バベル・プレス

小河原義朗・河野俊之（2009）『日本語教師のための音声教育を考える本』アルク

金村久美・松田真希子（2020）『ベトナム人に日本語を教えるための発音ふしぎ大百科』ひつじ書房

河野俊之（2014）『日本語教師のためのTIPS 77 第3巻　音声教育の実践』くろしお出版

木下直子・中川千恵子（2019）『ひとりでも学べる日本語の発音　OJADで調べてPraatで確かめよう』ひつじ書房

杉藤美代子［編］（1989）『講座　日本語と日本語教育2～3　日本語の音声・音韻（上・下）』三省堂

棚橋明美（2007）『日本語教育能力検定試験に合格するための聴解問題10』アルク

戸田貴子［編著］・大久保雅子・神山由紀子・小西玲子・福井貴代美［著］（2012）『シャドーイングで日本語発音レッスン』スリーエーネットワーク

中川千恵子・木原郁子・赤木浩文・篠原亜紀（2015）『伝わる発音が身につく！　にほんご話し方トレーニング』アスク出版

中川千恵子・中村則子（2010）『初級文型でできる　にほんご発音アクティビティ』アスク出版

松崎寛・河野俊之（2010）『日本語教育能力検定試験に合格するための音声23』アルク

水谷修［監修］・河野俊之・小河原義朗［編集］（2009）『日本語教育の過去・現在・未来　第4巻　音声』凡人社

《アクセントが調べられる辞典》

NHK放送文化研究所［編］（2016）『NHK日本語発音アクセント新辞典』NHK出版

金田一春彦［監修］・秋永一枝［編］（2014）『新明解日本語アクセント辞典　第2版 CD付』三省堂

阪田雪子［監修］・遠藤織枝［編集主幹］（2011）『新訂　日本語を学ぶ人の辞典』新潮社
竹林滋［編集代表］（1996）『研究社英日・日英ポケット辞典』研究社
松村明［監修］・磯村一弘［アクセント監修］ほか（2019）『大辞泉（デジタル大辞泉）』小学館・物書堂
　（iOS アプリ版）

《音声分析のソフトやサイト》

OJAD（オンライン日本語アクセント辞書）：https://www.gavo.t.u-tokyo.ac.jp/ojad/

Praat：https://www.fon.hum.uva.nl/praat/

Speech Analyzer：https://software.sil.org/speech-analyzer/

Wave Surfer：https://sourceforge.net/projects/wavesurfer/

WASP：https://www.phon.ucl.ac.uk/resource/sfs/wasp/

（いずれも 2024 年 2 月 7 日参照）

web付属データの使い方

本書には以前CD-ROMが付属していましたが、ウェブページにアクセスする方法に変更しました。パソコン、タブレット、スマートフォンなどでアクセスしてください。アクセスの方法については、本書vページの「web付属データについて」をご覧ください。

1. トップページを開く

「付属データをオンラインで使う」をクリックして、ユーザー名、パスワードを入力してください。以下の画面が開きます。データをダウンロードした場合は、フォルダ内のindex.htmlを開いてください。

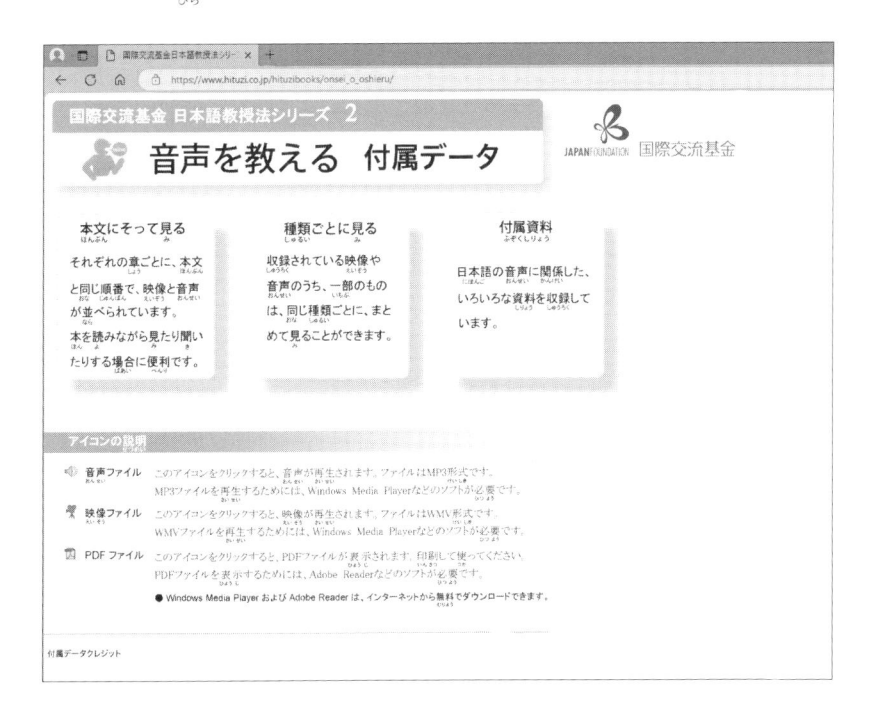

2. 映像を見たり、音声を聞いたり、資料を見たりする

●本文にそって見る

本文を読みながら、音声を聞いたり映像を見たりする場合は、「本文にそって見る」をクリックします。

いちばん上の段に、「2 母音と子音」「3 拍とリズム」「4 アクセント」「5 イントネーション」という各章のタイトルが表示されていますから、見たい章に合わせてタイトルをクリックします（第1章と第6章には、音声や映像はありません）。

本文に示されたアイコンをクリックすると、音声や映像の再生が始まります。

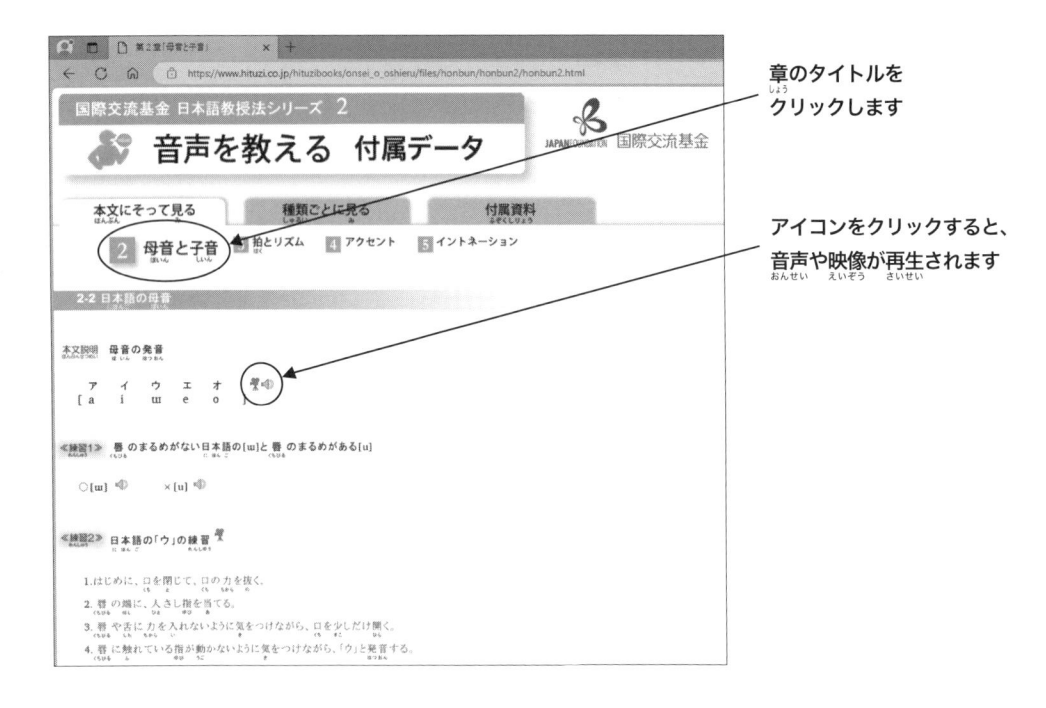

(スクリーンショット: 国際交流基金 日本語教授法シリーズ2「音声を教える 付属データ」のウェブページ画面。「章のタイトルをクリックします」「アイコンをクリックすると、音声や映像が再生されます」という注釈付き。)

●種類ごとに見る

　母音と子音の発音の音声・映像と、発音練習の実際の映像は、同じ種類ごとにリストにまとめられています。リストにあるアイコンをクリックすると、音声や映像が再生されます。

●付属資料

　日本語の音声に関係した、いろいろな資料を収録しています。資料のタイトルをクリックすると、それぞれの資料のページが開きます。そこにあるアイコンをクリックすると、音声や映像が再生されたり、資料が表示されたりします。
　ここには、以下の資料が収録されています。

＜もっと練習しよう！＞

　本冊にはスペースの関係で載せられなかった、音ごとの練習があります。単語の発音を聞いたり、聞いた後でくり返して言ったりして、練習しましょう。

＜MRI動画による日本語の調音の映像＞

　MRI（磁気共鳴画像法）は、磁気を使って体の中を撮影する方法です。この資料は、日本語の調音の様子を、MRI動画により撮影したものです。日本語の母音や子音を発音

するときの口の中の動きを見ることができます。

この資料は、文部科学省科学研究補助金、基盤研究(A)、課題番号19202013「人物像に応じた音声文法」（平成19～22年度、研究代表者：定延利之）による成果の一部です。

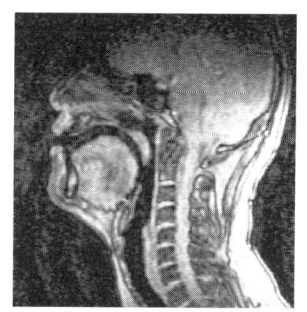

MRI

＜声道断面図の画像ファイル＞

本冊でも使用した、声道断面図の画像（GIFファイル）を収録してあります。それぞれの画像をクリックすると、大きい画像が開きます。

画像は、「陰付き」と「線のみ」の2種類があります。説明のためのハンドアウトを作ったり、音声学の試験を作ったりするときなどに使うことができます。

＜アクセントを覚えなおしたい人のための単語リスト＞

このリストは、「アクセントのことをあまり考えないまま、日本語の単語をもうたくさん覚えてしまった」という人が、単語のアクセントをできるだけ簡単に覚えなおすことができるように、という目的で作られました。

リストの単語は、はじめに拍数で分けられ、次にアクセント型ごとに分けられています。つまり、同じグループの中の単語は、全て同じアクセントのパターンで発音されます。

同じように発音される単語を同じ高低のパターンでどんどん発音していくことで、単語のアクセント型を身につけていきます。あまり深く考えないで、ただ声に出して何回も読んでいくことで、単語が適切なアクセントで自然に口から出るようになることを目指しましょう。

＜IPA（国際音声記号）の表＞

IPA（International Phonetic Alphabet　国際音声記号）の表を、PDFファイルで収録してあります。オリジナル版(英語)、日本語版、日本語ふりがなつき版があります。

この資料の収録にあたっては、国際音声学協会より許諾を得ています。
Copyright 2005 by International Phonetic Association.

<アイコンの説明>

🔊 音声ファイル

このアイコンをクリックすると、音声が再生されます。ファイルはMP3形式です。

🎥 映像ファイル

このアイコンをクリックすると、映像が再生されます。ファイルはMP4形式です。

📄 PDFファイル

このアイコンをクリックすると、PDFファイルが表示されます。印刷して使ってください。PDFファイルを表示するためには、Acrobat Readerなどのソフトが必要です。

● Acrobat Readerは、インターネットから無料でダウンロードできます。

お使いの通信環境によっては、アイコンをクリックしてから音声・映像の再生が始まるまで、時間がかかる場合があります。この場合、付属データページ全体をダウンロードしてから再生すれば、早くなるかもしれません。

また、アイコンを右クリック（Windowsの場合）して、「名前をつけてリンクを保存」すれば、それぞれのファイルごとにコンピュータに保存することができます。このようにすれば、そのファイルをPower Pointに貼って教室で見せたり、スマートフォンやタブレットに入れて聞いたりすることもできます。

索引(さくいん)

あ
アクセント 85
アクセント核(かく) 88
頭高型(あたまだかかた) 89
異音(いおん) 44
イントネーション 106
韻律(いんりつ) 9
円唇(えんしん) 9
尾高型(おだかかた) 89
音素(おんそ) 44

か
核(かく) 88
起伏型(きふくかた) 89 96
強調上昇調(きょうちょうじょうしょうちょう) 126
唇(くちびる) 13
口蓋化(こうがいか) 15
口蓋垂(こうがいすい) 13
硬口蓋(こうこうがい) 13
硬口蓋歯茎(こうこうがいしけい) 14
高低アクセント(こうてい) 88
後部歯茎(こうぶしけい) 14

さ
恣意的(しいてき) 85
子音(しいん) 8
歯茎(しけい) 13
歯茎硬口蓋(しけいこうこうがい) 14
自己モニター(じこ) 144
自然下降(しぜんかこう) 134
自由異音(じゆういおん) 44
条件異音(じょうけんいおん) 44
尻上がりイントネーション(しりあ) 126
声帯(せいたい) 8 47
声調(せいちょう) 86
声門(せいもん) 28
接近音(せっきんおん) 34
前部硬口蓋(ぜんぶこうこうがい) 14
相補分布(そうほぶんぷ) 44
促音(そくおん) 57
側面接近音(そくめんせっきんおん) 37

た
滝(たき) 88
卓立(たくりつ) 119
単音(たんおん) 8
長音(ちょうおん) 57
調音点(ちょうおんてん) 13
調音法(ちょうおんほう) 13
ティーチャー・トーク 127
特殊音素(とくしゅおんそ) 57
特殊拍(とくしゅはく) 57 72

な
中高型(なかだかかた) 89
軟口蓋(なんこうがい) 13
２拍フット(はく) 75

は
歯(は) 13
拍(はく) 71
破擦音(はさつおん) 20
はじき音(おん) 35
撥音(はつおん) 57
破裂音(はれつおん) 15
半母音(はんぼいん) 34
非円唇(ひえんしん) 9
鼻音(びおん) 27
鼻濁音(びだくおん) 16
ピッチアクセント 88
ピッチ曲線(きょくせん) 133
鼻母音(びぼいん) 63
非明示的(ひめいじてき) 85
ＶＯＴ(ブイオーティー) 49
ＶＴ法(ブイティーほう) 83
フォーカス 114
フォリナー・トーク 127
フット 75
ふるえ音(おん) 36
プロソディー 9
プロソディーグラフ 135
プロミネンス 119
分節音(ぶんせつおん) 8
平板型(へいばんがた) 89 96
への字型イントネーション(じがた) 136
母音(ぼいん) 8
ポーズ 82 121
母語の干渉(ぼごのかんしょう) 66

ま
巻き舌(まきじた) 36
摩擦音(まさつおん) 18
ミニマルペア 46
無気(むき) 48
無声(むせい) 13 46
無声化(むせいか) 52
モーラ 71

や
ヤマ 109
有気(ゆうき) 48
有声(ゆうせい) 13 46
予測不可能(よそくふかのう) 85
四つ仮名(よつがな) 26

ら
リズム 75
リズムユニット 83

171

本書の執筆にあたっては、文部科学省科学研究費補助金「非母語話者日本語教師による音声指導法確立のための基礎研究」（若手研究 B、平成 18 〜 20 年度、課題番号：18720137、研究代表者：磯村一弘）の助成を受けました。

【執筆者】
磯村一弘（いそむら　かずひろ）
◆教授法教材プロジェクトチーム
　久保田美子（チームリーダー）
　阿部洋子／木谷直之／木田真理／小玉安恵／中村雅子／長坂水晶／築島史恵
　※執筆者およびプロジェクトチームのメンバーは、初版刊行時には、
　　すべて国際交流基金日本語国際センター専任講師
イラスト　岡﨑久美
声の出演／映像出演　付属データクレジット参照
録音・撮影　株式会社巧芸創作

国際交流基金 日本語教授法シリーズ
第 2 巻「音声を教える」
The Japan Foundation Teaching Japanese Series 2
Teaching Pronunciation
The Japan Foundation

発行	2009 年 2 月 1 日　初版 1 刷
	2024 年 4 月 4 日　　9 刷
定価	1500 円 + 税
著者	国際交流基金
発行者	松本 功
装丁	吉岡 透 (ae)
印刷・製本	三美印刷株式会社
発行所	株式会社ひつじ書房

〒 112-0011　東京都文京区千石 2-1-2　大和ビル 2F
Tel : 03-5319-4916　Fax : 03-5319-4917
郵便振替　00120-8-142852
toiawase@hituzi.co.jp　https://www.hituzi.co.jp/

Ⓒ 2009 The Japan Foundation
ISBN978-4-89476-302-9

造本には充分注意しておりますが、落丁・乱丁などがございましたら、
小社かお買い上げ書店にておとりかえいたします。

ご意見・ご感想など、小社までお寄せくだされば幸いです。